CHEFS-D'OEUVRE

DE

J. F. REGNARD.

TOME I.

DE L'IMPRIMERIE DE CRAPELET.

J. F. REGNARD

CHEFS-D'OEUVRE

DE

J. F. REGNARD.

TOME PREMIER.

A PARIS,

Chez SAINTIN, Libraire, rue du Foin.

1823.

LE JOUEUR,

COMÉDIE

EN CINQ ACTES, ET EN VERS.

PERSONNAGES.

GÉRONTE, père de Valère.
VALÈRE, amant d'Angélique.
ANGÉLIQUE, amante de Valère.
LA COMTESSE, sœur d'Angélique.
DORANTE, oncle de Valère, et amant d'Angélique.
LE MARQUIS.
NÉRINE, suivante d'Angélique.
Mme LA RESSOURCE, revendeuse à la toilette.
HECTOR, valet de Valère.
M. TOUTABAS, maître de trictrac.
M. GALONNIER, tailleur.
Mme ADAM, sellière.
UN LAQUAIS d'Angélique.
TROIS LAQUAIS du Marquis.

La scène est à Paris, dans un hôtel garni.

.... *Dans mon cœur il s'eleve
des mouvemens de rage* ....

LE JOUEUR,

COMÉDIE.

ACTE PREMIER.

SCÈNE I.

HECTOR, *seul, dans un fauteuil, près d'une toilette.*

Il est, parbleu, grand jour; déjà de leur ramage
Les coqs ont éveillé tout notre voisinage.
Que servir un joueur est un maudit métier !
Ne serai-je jamais laquais d'un sous-fermier ?
Je ronflerois mon soûl la grasse matinée,
Et je m'enivrerois le long de la journée :
Je ferois mon chemin ; j'aurois un bon emploi ;
Je serois dans la suite un conseiller du roi,
Rat-de-cave, ou commis ; et, que sait-on ? peut-être
Je deviendrois un jour aussi gras que mon maître ;
J'aurois un bon carrosse à ressorts bien liants ;
De ma rotondité j'emplirois le dedans :

Il n'est que ce métier pour brusquer la fortune ;
Et tel change de meuble et d'habit chaque lune,
Qui, Jasmin autrefois, d'un drap du sceau couvert,
Bornoit sa garde-robe à son justaucorps vert.
Quelqu'un vient.

SCÈNE II.

NÉRINE, HECTOR.

HECTOR.

Si matin, Nérine, qui t'envoie ?

NÉRINE.

Que fait Valère ?

HECTOR.

Il dort.

NÉRINE.

Il faut que je le voie.

HECTOR.

Va, mon maître ne voit personne quand il dort.

NÉRINE.

Je veux lui parler.

HECTOR.

Paix ! ne parle pas si fort.

NÉRINE.

Oh ! j'entrerai, te dis-je.

ACTE I, SCÈNE II.

HECTOR.

Ici je suis de garde,
Et je ne puis t'ouvrir que la porte bâtarde.

NÉRINE.

Tes sots raisonnements sont pour moi superflus.

HECTOR.

Voudrois-tu voir mon maître *in naturalibus ?*

NÉRINE.

Quand se levera-t-il ?

HECTOR.

Mais, avant qu'il se lève,
Il faudra qu'il se couche ; et franchement....

NÉRINE.

Achève.

HECTOR.

Je ne dis mot.

NÉRINE.

Oh ! parle, ou de force ou de gré.

HECTOR.

Mon maître, en ce moment, n'est pas encor rentré.

NÉRINE.

Il n'est pas rentré ?

HECTOR.

Non. Il ne tardera guère.
Nous n'ouvrons pas matin. Il a plus d'une affaire,
Ce garçon-là.

NÉRINE.

J'entends. Autour d'un tapis vert,
Dans un maudit brelan, ton maître joue et perd,
Ou bien, réduit à sec, d'une âme familière
Peut-être il parle au ciel d'une étrange manière.
Par ordre très exprès d'Angélique, aujourd'hui
Je viens pour rompre ici tout commerce avec lui.
Des serments les plus forts appuyant sa tendresse,
Tu sais qu'il a cent fois promis à ma maîtresse
De ne toucher jamais cornet, carte, ni dé,
Par quelque espoir de gain dont son cœur fût guidé;
Cependant....

HECTOR.

Je vois bien qu'un rival domestique
Consigne entre tes mains pour avoir Angélique.

NÉRINE.

Et quand cela seroit, n'aurois-je pas raison?
Mon cœur ne peut souffrir de lâche trahison.
Angélique, entre nous, seroit extravagante
De rejeter l'amour qu'a pour elle Dorante;
Lui, c'est un homme d'ordre, et qui vit congrûment....

HECTOR.

L'amour se plaît un peu dans le déréglement.

NÉRINE.

Un amant fait et mûr....

ACTE I, SCÈNE II.

HECTOR.
>Les filles, d'ordinaire,

Aiment mieux le fruit vert.

NÉRINE.
>D'un fort bon caractère,

Qui ne sut de ses jours ce que c'est que le jeu.

HECTOR.

Mais mon maître est aimé.

NÉRINE.
>Dont j'enrage. Morbleu !

Ne verrai-je jamais les femmes détrompées
De ces colifichets, de ces fades poupées,
Qui n'ont, pour imposer, qu'un grand air débraillé,
Un nez de tous côtés de tabac barbouillé,
Une lèvre qu'on mord pour rendre plus merveille,
Un chapeau chiffonné qui tombe sur l'oreille,
Une longue steinkerque à replis tortueux,
Un haut-de-hausse bas prêt à tomber sous eux ;
Qui, faisant le gros dos, la main dans la ceinture,
Viennent, pour tout mérite, étaler leur figure ?

HECTOR.

C'est le goût d'à présent ; tes cris sont superflus,
Mon enfant....

NÉRINE.
>Je veux, moi, réformer cet abus.

Je ne souffrirai pas qu'on trompe ma maîtresse,

Et qu'on profite ainsi d'une tendre foiblesse;
Qu'elle épouse un joueur, un petit brelandier,
Un franc dissipateur, et dont tout le métier
Est d'aller de cent lieux faire la découverte
Où de jeux et d'amour on tient boutique ouverte,
Et qui le conduiront tout droit à l'hôpital.

HECTOR.

Ton sermon me paroît un tant soit peu brutal.
Mais, tant que tu voudras, parle, prêche, tempête,
Ta maîtresse est coiffée.

NÉRINE.

      Et crois-tu, dans ta tête,
Que l'amour sur son cœur ait un si grand pouvoir?
Elle est fille d'esprit; peut-être dès ce soir
Dorante, par mes soins, l'épousera.

HECTOR.

        Tarare!
Elle est dans nos filets.

NÉRINE.

     Et moi, je te déclare
Que je l'en tirerai dès aujourd'hui....

HECTOR.

       Bon, bon!

NÉRINE.

Que Dorante a pour lui Nérine et la raison.

ACTE I, SCÈNE II.

HECTOR.

Et nous avons l'amour. Tu sais que d'ordinaire,
Quand l'amour veut parler, la raison doit se taire,
Dans les femmes, s'entend.

NÉRINE.

Tu verras que chez nous,
Quand la raison agit, l'amour a le dessous.
Ton maître est un amant d'une espèce plaisante !
Son amour peut passer pour fièvre intermittente ;
Son feu pour Angélique est un flux et reflux.

HECTOR.

Elle est, après le jeu, ce qu'il aime le plus.

NÉRINE.

Oui ; c'est la passion qui seule le dévore :
Dès qu'il a de l'argent, son amour s'évapore.

HECTOR.

Mais, en revanche aussi, quand il n'a pas un sou,
Tu m'avoueras qu'il est amoureux comme un fou.

NÉRINE.

Oh ! j'empêcherai bien....

HECTOR.

Nous ne te craignons guère :
Et ta maîtresse, encor hier, promit à Valère
De lui donner dans peu, pour prix de son amour,
Son portrait enrichi de brillants tout autour.
Nous l'attendons, ma chère, avec impatience :

Nous aimons les bijoux avec concupiscence.

NÉRINE.

Ce portrait est tout prêt ; mais ce n'est pas pour lui ;
Et Dorante en sera possesseur aujourd'hui.

HECTOR.

A d'autres.

NÉRINE.

N'est-ce pas une honte à Valère,
Étant fils de famille, ayant encor son père,
Qu'il vive comme il fait, et que, comme un banni,
Depuis un an il loge en cet hôtel garni ?

HECTOR.

Et vous y logez bien, et vous et votre clique.

NÉRINE.

Est-ce de même ? dis. Ma maîtresse Angélique,
Et la veuve, sa sœur, ne sont dans ce pays
Que pour un temps, et n'ont point de père à Paris.

HECTOR.

Valère a déserté la maison paternelle ;
Mais ce n'est point à lui qu'il faut faire querelle :
Et si monsieur son père avoit voulu sortir,
Nous y serions encore, à ne t'en point mentir.
Ces pères, bien souvent, sont obstinés en diable.

NÉRINE.

Il a tort, en effet, d'être si peu traitable !
Quoi qu'il en soit, enfin, je ne t'abuse pas,

Je fais la guerre ouverte ; et je vais, de ce pas,
Dire ce que je vois, avertir ma maîtresse
Que Valère toujours est faux dans sa promesse ;
Qu'il ne sera jamais digne de ses amours ;
Qu'il a joué, qu'il joue, et qu'il jouera toujours.
Adieu.

HECTOR.

Bonjour.

SCÈNE III.

HECTOR, *seul*.

Autant que je m'y puis connoître,
Cette Nérine-ci n'est pas trop pour mon maître.
A-t-elle grand tort ? non. C'est un panier percé,
Qui....

SCÈNE IV.

VALÈRE, HECTOR.

(*Valère paroît en désordre, comme un homme qui a joué toute la nuit.*)

HECTOR.

Mais je l'aperçois. Qu'il a l'air harassé !
On soupçonne aisément, à sa triste figure,
Qu'il cherche en vain quelqu'un qui prête à triple usure.

VALÈRE.

Quelle heure est-il?

HECTOR.

Il est...je ne m'en souviens pas.

VALÈRE.

Tu ne t'en souviens pas?

HECTOR.

Non, monsieur.

VALÈRE.

Je suis las
De tes mauvais discours; et tes impertinences....

HECTOR, *à part.*

Ma foi, la vérité répond aux apparences.

VALÈRE.

Ma robe de chambre. (*à part.*) Euh!

HECTOR, *à part.*

Il jure entre ses dents.

VALÈRE.

Eh bien! me faudra-t-il attendre encor long-temps?
(*Il se promène.*)

HECTOR.

Hé! la voilà, monsieur.
(*Il suit son maître, tenant sa robe de chambre toute déployée.*)

VALÈRE, *se promenant.*

Une école maudite

Me coûte, en un moment, douze trous tout de suite.
Que je suis un grand chien! Parbleu, je te saurai,
Maudit jeu de trictrac, ou bien je ne pourrai.
Tu peux me faire perdre, ô fortune ennemie!
Mais me faire payer, parbleu, je t'en défie;
Car je n'ai pas un sou.

HECTOR, *tenant toujours la robe.*

Vous plairoit-il, monsieur....

VALÈRE, *se promenant.*

Je me ris de tes coups, j'incague ta fureur.

HECTOR.

Votre robe de chambre est, monsieur, toute prête.

VALÈRE.

Va te coucher, maraud; ne me romps point la tête.
Va-t'en.

HECTOR.

Tant mieux.

SCÈNE V.

VALÈRE, *seul, se mettant dans un fauteuil.*

Je veux dormir dans ce fauteuil.
Que je suis malheureux! je ne puis fermer l'œil.
Je dois de tous côtés, sans espoir, sans ressource,
Et n'ai pas, grâce au ciel, un écu dans ma bourse.

Hector.... Que ce coquin est heureux de dormir !
Hector.

SCÈNE VI.

VALÈRE, HECTOR.

HECTOR, *derrière le théâtre.*

Monsieur.

VALÈRE.

Eh bien ! bourreau, veux-tu venir ?
(*Hector entre à moitié déshabillé.*)
N'es-tu pas las encor de dormir, misérable ?

HECTOR.

Las de dormir, monsieur ? Hé ! je me donne au diable,
Je n'ai pas eu le temps d'ôter mon justaucorps.

VALÈRE.

Tu dormiras demain.

HECTOR, *à part.*

Il a le diable au corps.

VALÈRE.

Est-il venu quelqu'un ?

HECTOR.

Il est, selon l'usage,
Venu maint créancier ; de plus, un gros visage,
Un maître de trictrac qui ne m'est pas connu.
Le maître de musique est encore venu.

ACTE I, SCÈNE VI.

Ils reviendront bientôt.

VALÈRE.

Bon. Pour cette autre affaire,
M'as-tu déterré....

HECTOR.

Qui ? cette honnête usurière,
Qui nous prête, par heure, à vingt sous par écu ?

VALÈRE.

Justement, elle-même.

HECTOR.

Oui, monsieur, j'ai tout vu.
Qu'on vend cher maintenant l'argent à la jeunesse !
Mais enfin j'ai tant fait, avec un peu d'adresse,
Qu'elle m'a reconduit d'un air fort obligeant ;
Et vous aurez, je crois, au plus tôt votre argent.

VALÈRE.

J'aurois les mille écus ! O ciel ! quel coup de grâce !
Hector, mon cher Hector, viens-çà que je t'embrasse.

HECTOR.

Comme l'argent rend tendre !

VALÈRE.

Et tu crois qu'en effet
Je n'ai, pour en avoir, qu'à donner mon billet ?

HECTOR.

Qui le refuseroit seroit bien difficile ;

Vous êtes aussi bon que banquier de la ville.
Pour la réduire au point où vous la souhaitez,
Il a fallu lever bien des difficultés :
Elle est d'accord de tout, du temps, des arrérages,
Il ne faut maintenant que lui donner des gages.

VALÈRE.

Des gages ?

HECTOR.

Oui, monsieur.

VALÈRE.

Mais y penses-tu bien ?
Où les prendrai-je ? dis.

HECTOR.

Ma foi, je n'en sais rien.
Pour nipes, nous n'avons qu'un grand fonds d'espérance
Sur les produits trompeurs d'une réjouissance ;
Et dans ce siècle-ci, messieurs les usuriers,
Sur de pareils effets prêtent peu volontiers.

VALÈRE.

Mais quel gage, dis-moi, veux-tu que je lui donne ?

HECTOR.

Elle viendra tantôt elle-même en personne ;
Vous vous ajusterez ensemble en quatre mots.
Mais, monsieur, s'il vous plaît, pour changer de propos,
Aimeriez-vous toujours la charmante Angélique ?

ACTE I, SCÈNE VI.

VALÈRE.

Si je l'aime? ah! ce doute et m'outrage et me pique:
Je l'adore.

HECTOR.

Tant pis; c'est un signe fâcheux.
Quand vous êtes sans fonds, vous êtes amoureux;
Et quand l'argent renaît, votre tendresse expire.
Votre bourse est, monsieur, puisqu'il faut vous le dire,
Un thermomètre sûr, tantôt bas, tantôt haut,
Marquant de votre cœur ou le froid ou le chaud.

VALÈRE.

Ne crois pas que le jeu, quelque sort qu'il me donne,
Me fasse abandonner cette aimable personne.

HECTOR.

Oui; mais j'ai bien peur, moi, qu'on ne vous plante là.

VALÈRE.

Et sur quel fondement peux-tu juger cela?

HECTOR.

Nérine sort d'ici, qui m'a dit qu'Angélique
Pour Dorante, votre oncle, en ce moment s'explique;
Que vous jouez toujours, malgré tous vos serments,
Et qu'elle abjure enfin ses tendres sentiments.

VALÈRE.

Dieux! que me dis-tu là?

HECTOR.

Ce que je viens d'entendre.

LE JOUEUR.

VALÈRE.

Bon ! cela ne se peut ; on t'a voulu surprendre.

HECTOR.

Vous êtes assez riche en bonne opinion,
A ce qu'il me paroît.

VALÈRE.

        Point : sans présomption
On sait ce que l'on vaut.

HECTOR.

        Mais si, sans vouloir rire,
Tout alloit comme j'ai l'honneur de vous le dire,
Et qu'Angélique enfin pût changer....

VALÈRE.

        En ce cas
Je prends le parti.... Mais cela ne se peut pas.

HECTOR.

Si cela se pouvoit, qu'une passion neuve....

VALÈRE.

En ce cas je pourrois rabattre sur la veuve,
La Comtesse sa sœur.

HECTOR.

        Ce dessein me plaît fort ;
J'aime un amour fondé sur un bon coffre-fort.
Si vous vouliez un peu vous aider avec elle,
Cette veuve, je crois, ne seroit point cruelle ;

ACTE I, SCÈNE VI.

Ce seroit une éponge à presser au besoin.

VALÈRE.

Cette éponge, entre nous, ne vaudroit pas ce soin.

HECTOR.

C'est dans son caractère une espèce parfaite,
Un ambigu nouveau de prude et de coquette,
Qui croit mettre les cœurs à contribution,
Et qui veut épouser ; c'est là sa passion.

VALÈRE.

Épouser ?

HECTOR.

   Un marquis de même caractère,
Grand épouseur aussi, la galope et la flaire.

VALÈRE.

Et quel est ce marquis ?

HECTOR.

      C'est, à vous parler net,
Un marquis de hasard fait par le lansquenet,
Fort brave, à ce qu'il dit, intrigant, plein d'affaires ;
Qui croit de ses appas les femmes tributaires ;
Qui gagne au jeu beaucoup, et qui, dit-on, jadis
Étoit valet de chambre avant d'être marquis.
Mais sauvons-nous, monsieur, j'aperçois votre père.

SCÈNE VII.

GÉRONTE, VALÈRE, HECTOR.

GÉRONTE.

Doucement; j'ai deux mots à vous dire, Valère.
(*à Hector.*)
Pour toi, j'ai quelques coups de canne à te prêter.

HECTOR.

Excusez-moi, monsieur, je ne puis m'arrêter.

GÉRONTE.

Demeure là, maraud.

HECTOR, *à part.*

Il n'est pas temps de rire.

GÉRONTE.

Pour la dernière fois, mon fils, je viens vous dire
Que votre train de vie est si fort scandaleux,
Que vous m'obligerez à quelque éclat fâcheux.
Je ne puis retenir ma bile davantage,
Et ne saurois souffrir votre libertinage.
Vous êtes pilier né de tous les lansquenets,
Qui sont pour la jeunesse autant de trébuchets.
Un bois plein de voleurs est un plus sûr passage :
Dans ces lieux jour et nuit ce n'est que brigandage.
Il faut opter des deux, être dupe ou fripon.

HECTOR.

Tous ces jeux de hasard n'attirent rien de bon.
J'aime les jeux galants où l'esprit se déploie.
   (*à Géronte.*)
C'est, monsieur, par exemple, un joli jeu que l'oie.
GÉRONTE, *à Hector.*
   (*à Valère.*)
Tais-toi. Non, à présent le jeu n'est que fureur :
On joue argent, bijoux, maisons, contrats, honneur ;
Et c'est ce qu'une femme, en cette humeur à craindre,
Risque plus volontiers, et perd plus sans se plaindre.
HECTOR.
Oh ! nous ne risquons pas, monsieur, de tels bijoux.
GÉRONTE.
Votre conduite enfin m'enflamme de courroux ;
Je ne puis vous souffrir vivre de cette sorte :
Vous m'avez obligé de vous fermer ma porte ;
J'étois las, attendant chez moi votre retour,
Qu'on fît du jour la nuit, et de la nuit le jour.
HECTOR.
C'est bien fait. Ces joueurs qui courent la fortune,
Dans leurs déréglements ressemblent à la lune,
Se couchant le matin, et se levant le soir.
GÉRONTE.
Vous me poussez à bout ; mais je vous ferai voir
Que, si vous ne changez de vie et de manière,

Je saurai me servir de mon pouvoir de père,
Et que de mon courroux vous sentirez l'effet.

HECTOR, *à Valère.*

Votre père a raison.

GÉRONTE.

Comme le voilà fait !
Débraillé, mal peigné, l'œil hagard ! A sa mine
On croiroit qu'il viendroit, dans la forêt voisine,
De faire un mauvais coup.

HECTOR, *à part.*

On croiroit vrai de lui :
Il a fait trente fois coupe-gorge aujourd'hui.

GÉRONTE.

Serez-vous bientôt las d'une telle conduite ?
Parlez, que dois-je enfin espérer dans la suite ?

VALÈRE.

Je reviens aujourd'hui de mon égarement,
Et ne veux plus jouer, mon père, absolument.

HECTOR, *à part.*

Voilà du fruit nouveau dont son fils le régale.

GÉRONTE.

Quand ils n'ont pas un sou, voilà de leur morale.

VALÈRE.

J'ai de l'argent encore ; et, pour vous contenter,
De mes dettes je veux aujourd'hui m'acquitter.

ACTE I, SCÈNE VII.

GÉRONTE.

S'il est ainsi, vraiment, j'en ai bien de la joie.

HECTOR, *bas, à Valère.*

Vous acquitter, monsieur ! avec quelle monnoie ?

VALÈRE, *bas, à Hector.*

(*haut, à son père.*)

Te tairas-tu ? Mon oncle aspire dans ce jour
A m'ôter d'Angélique et la main et l'amour :
Vous savez que pour elle il a l'âme blessée,
Et qu'il veut m'enlever....

GÉRONTE.

Oui, je sais sa pensée;
Et je serai ravi de le voir confondu.

HECTOR, *à Géronte.*

Vous n'avez qu'à parler, c'est un homme tondu.

GÉRONTE.

Je voudrois bien déjà que l'affaire fût faite.
Angélique est fort riche, et point du tout coquette,
Maîtresse de son choix. Avec ce bon dessein,
Va te mettre en état de mériter sa main,
Payer tes créanciers....

VALÈRE.

J'y vais, j'y cours....

(*Il va pour sortir, parle bas à Hector, et revient.*)

Mon père....

GÉRONTE.

Eh! plaît-il?

VALÈRE.

Pour sortir entièrement d'affaire,
Il me manque environ quatre ou cinq mille francs;
Si vous vouliez, monsieur....

GÉRONTE.

Ah! ah! je vous entends
Vous m'avez mille fois bercé de ces sornettes.
Non. Comme vous pourrez, allez payer vos dettes.

VALÈRE.

Mais, mon père, croyez....

GÉRONTE.

A d'autres, s'il vous plaît.

VALÈRE.

Prêtez-moi mille écus.

HECTOR, *à Géronte.*

Nous paierons l'intérêt
Au denier un.

VALÈRE.

Monsieur....

GÉRONTE.

Je ne puis vous entendre.

VALÈRE.

Je ne veux point, mon père, aujourd'hui vous surprendre;
Et, pour vous faire voir quels sont mes bons desseins,

ACTE I, SCÈNE VII.

Retenez cet argent, et payez par vos mains.
HECTOR.
Ah! parbleu, pour le coup, c'est être raisonnable.
GÉRONTE.
Et de combien encore êtes-vous redevable?
VALÈRE.
La somme n'y fait rien.
GÉRONTE.
     La somme n'y fait rien?
HECTOR.
Non. Quand vous le verrez vivre en homme de bien,
Vous ne regretterez nullement la dépense;
Et nous ferons, monsieur, la chose en conscience.
GÉRONTE.
Écoutez : je veux bien faire un dernier effort;
Mais, après cela, si....
VALÈRE.
    Modérez ce transport.
Que sur mes sentiments votre âme se repose.
Je vais voir Angélique; et mon cœur se propose
D'arrêter son courroux déjà prêt d'éclater.

SCÈNE VIII.

GÉRONTE, HECTOR.

HECTOR.

Je m'en vais travailler, moi, pour vous contenter,
A vous faire, en raisons claires et positives,
Le mémoire succinct de nos dettes passives,
Et que j'aurai l'honneur de vous montrer dans peu.

SCÈNE IX.

GÉRONTE, *seul.*

Mon frère en son amour n'aura pas trop beau jeu.
Non, quand ce ne seroit que pour le contredire,
Je veux rompre l'hymen où son amour aspire;
Et j'aurai deux plaisirs à la fois, si je puis,
De chagriner mon frère, et marier mon fils.

SCÈNE X.

M. TOUTABAS, GÉRONTE.

TOUTABAS.

Avec tous les respects d'un cœur vraiment sincère,
Je viens pour vous offrir mon petit ministère.
Je suis, pour vous servir, gentilhomme auvergnac,

ACTE I, SCÈNE X.

Docteur dans tous les jeux, et maître de trictrac :
Mon nom est Toutabas, vicomte de la Case,
Et votre serviteur, pour terminer ma phrase.

GÉRONTE, *à part.*

Un maître de trictrac ! Il me prend pour mon fils.
(*haut.*)
Quoi ! vous montrez, monsieur, un tel art dans Paris,
Et l'on ne vous a pas fait présent, en galère,
D'un brevet d'espalier ?

TOUTABAS, *à part.*

A quel homme ai-je affaire ?
(*haut.*)
Comment ! je vous soutiens que dans tous les états
On ne peut de mon art assez faire de cas,
Qu'un enfant de famille, et qu'on veut bien instruire,
Devroit savoir jouer avant que savoir lire.

GÉRONTE.

Monsieur le professeur, avecque vos raisons,
Il faudroit vous loger aux Petites-Maisons.

TOUTABAS.

De quoi sert, je vous prie, une foule inutile
De chanteurs, de danseurs, qui montrent par la ville ?
Un jeune homme en est-il plus riche, quand il sait
Chanter ré mi fa sol, ou danser un menuet ?
Paiera-t-on des marchands la cohorte pressante
Avec un vaudeville, ou bien une courante ?

Ne vaut-il pas bien mieux qu'un jeune cavalier
Dans mon art au plus tôt se fasse initier ;
Qu'il sache, quand il perd, d'une âme non commune,
A force de savoir, rappeler la fortune ;
Qu'il apprenne un métier qui, par de sûrs secrets,
En le divertissant, l'enrichisse à jamais ?

GÉRONTE.

Vous êtes riche, à voir ?

TOUTABAS.

Le jeu fait vivre à l'aise
Nombre d'honnêtes gens, fiacres, porteurs de chaises,
Mille usuriers fournis de ces obscurs brillants,
Qui vont de doigts en doigts tous les jours circulants,
Des Gascons à souper dans des brelans fidèles,
Des chevaliers sans ordre, et tant de demoiselles
Qui, sans le lansquenet et son produit caché,
De leur foible vertu feroient fort bon marché,
Et dont tous les hivers la cuisine se fonde
Sur l'impôt établi d'une infaillible ronde.

GÉRONTE.

S'il est quelque joueur qui vive de son gain,
On en voit tous les jours mille mourir de faim,
Qui, forcés à garder une longue abstinence,
Pleurent d'avoir trop mis à la réjouissance.

TOUTABAS.

Et c'est de là que vient la beauté de mon art.

ACTE I, SCÈNE X.

En suivant mes leçons, on court peu de hasard.
Je sais, quand il le faut, par un peu d'artifice,
Du sort injurieux corriger la malice;
Je sais dans un trictrac, quand il faut un sonnez,
Glisser des dés heureux, ou chargés, ou pipés;
Et quand mon plein est fait, gardant mes avantages,
J'en substitue aussi d'autres prudents et sages,
Qui, n'offrant à mon gré que des as à tous coups,
Me font, en un instant, enfiler douze trous.

GÉRONTE.

Eh! monsieur Toutabas, vous avez l'insolence
De venir dans ces lieux montrer votre science?

TOUTABAS.

Oui, monsieur, s'il vous plaît.

GÉRONTE.

Et vous ne craignez pas
Que j'arme contre vous quatre paires de bras,
Qui le long de vos reins....

TOUTABAS.

Monsieur, point de colère;
Je ne suis point ici venu pour vous déplaire.

GÉRONTE, *le poussant.*

Maître juré filou, sortez de la maison.

TOUTABAS.

Non, je n'en sors qu'après vous avoir fait leçon.

GÉRONTE.

A moi, leçon?

TOUTABAS.

Je veux, par mon savoir extrême,
Que vous escamotiez un dé comme moi-même.

GÉRONTE.

Je ne sais qui me tient, tant je suis animé,
Que quelques bons soufflets donnés à poing fermé....
Va-t'en.

(*Il le prend par les épaules.*)

TOUTABAS.

Puisqu'aujourd'hui votre humeur pétulante
Vous rend l'âme aux leçons un peu récalcitrante,
Je reviendrai demain pour la seconde fois.

GÉRONTE.

Reviens.

TOUTABAS.

Vous plairoit-il de m'avancer le mois?

GÉRONTE, *le poussant tout-à-fait dehors.*

Sortiras-tu d'ici, vrai gibier de potence?

SCÈNE XI.

GÉRONTE, *seul.*

Je ne puis respirer, et j'en mourrai, je pense.

Heureusement mon fils n'a point vu ce fripon :
Il me prenoit pour lui dans cette occasion.
Sachons ce qu'il a fait ; et, sans plus de mystère,
Concluons son hymen, et finissons l'affaire.

FIN DU PREMIER ACTE.

ACTE SECOND.

SCÈNE I.

ANGÉLIQUE, NÉRINE.

ANGÉLIQUE.

Mon cœur seroit bien lâche, après tant de serments,
D'avoir encor pour lui de tendres mouvements.
Nérine, c'en est fait, pour jamais je l'oublie;
Je ne veux ni l'aimer, ni le voir de ma vie :
Je sens la liberté de retour dans mon cœur.
Ne me viens pas au moins parler en sa faveur.

NÉRINE.

Moi, parler pour Valère ? il faudroit être folle :
Que plutôt à jamais je perde la parole !

ANGÉLIQUE.

Ne viens point désormais, pour calmer mon dépit,
Rappeler à mes sens son air et son esprit;
Car tu sais qu'il en a.

NÉRINE.

De l'esprit ! lui, madame ?

Il est plus journalier mille fois qu'une femme :
Il rêve à tout moment ; et sa vivacité
Dépend presque toujours d'une carte ou d'un dé.

ANGÉLIQUE.

Mon cœur est maintenant certain de sa victoire.

NÉRINE.

Madame, croyez-moi, je connois le grimoire ;
Souvent tous ces dépits sont des hoquets d'amour.

ANGÉLIQUE.

Non ; l'amour de mon cœur est banni sans retour.

NÉRINE.

Cet hôte dans un cœur a bientôt fait son gîte ;
Mais il se garde bien d'en déloger si vite.

ANGÉLIQUE.

Ne crains rien de mon cœur.

NÉRINE.

S'il venoit à l'instant,
vec cet air flatteur, soumis, insinuant,
Que vous lui connoissez ; que d'un ton pathétique
(*Elle se met à ses pieds.*)
Il vous dît à vos pieds : « Non, charmante Angélique,
« Je ne veux opposer à tout votre courroux
« Qu'un seul mot, Je vous aime, et je n'aime que vous :
« Votre âme en ma faveur n'est-elle point émue ?
« Vous ne me dites rien ! vous détournez la vue !

(*Elle se relève.*)
« Vous voulez donc ma mort ? il faut vous contenter. »
Peut-être en ce moment, pour vous épouvanter,
Il se souffletera d'une main mutinée,
Se donnera du front contre une cheminée,
S'arrachera de rage un toupet de cheveux,
Qui ne sont pas à lui. Mais de ces airs fougueux
Ne vous étonnez pas ; comptez qu'en sa colère
Il ne se fera pas grand mal.

ANGÉLIQUE.

Laisse-moi faire.

NÉRINE.

Vous voilà, grâce au ciel, bien instruite sur tout :
Ne vous démentez point ; tenez bon jusqu'au bout.

SCÈNE II.

LA COMTESSE, ANGÉLIQUE, NÉRINE.

LA COMTESSE.

On dit partout, ma sœur, qu'un peu moins prévenue,
Vous épousez Dorante.

ANGÉLIQUE.

Oui, j'y suis résolue.

LA COMTESSE.

Mon cœur en est ravi. Valère est un vrai fou,
Qui joueroit votre bien jusques au dernier sou.

ANGÉLIQUE.

D'accord.

LA COMTESSE.

J'aime à vous voir vaincre votre tendresse.
Cet amour, entre nous, étoit une foiblesse ;
Il faut se dégager de ces attachements,
Que la raison condamne, et qui flattent nos sens.

ANGÉLIQUE.

Il est vrai.

LA COMTESSE.

Rien n'est plus à craindre dans la vie,
Qu'un époux qui du jeu ressent la tyrannie.
J'aimerois mieux qu'il fût gueux, avaricieux,
Coquet, fâcheux, mal fait, brutal, capricieux,
Ivrogne, sans esprit, débauché, sot, colère,
Que d'être un emporté joueur comme est Valère.

ANGÉLIQUE.

Je sais que ce défaut est le plus grand de tous.

LA COMTESSE.

Vous ne voulez donc plus en faire votre époux ?

ANGÉLIQUE.

Moi ? non : dans ce dessein nos humeurs sont conformes.

NÉRINE.

Il a, ma foi, reçu son congé dans les formes.

LA COMTESSE.

C'est bien fait. Puisqu'enfin vous renoncez à lui,

Je vais l'épouser, moi.
ANGÉLIQUE.
L'épouser?
LA COMTESSE.
Aujourd'hui.
ANGÉLIQUE.
Ce joueur qu'à l'instant....
LA COMTESSE.
Je saurai le réduire.
On sait sur les maris ce que l'on a d'empire.
ANGÉLIQUE.
Quoi ! vous voulez, ma sœur, avec cet air si doux,
Ce maintien réservé, prendre un nouvel époux?
LA COMTESSE.
Et pourquoi non, ma sœur? Fais-je donc un grand crime
De rallumer les feux d'un amour légitime?
J'avois fait vœu de fuir tout autre engagement.
Pour garder du défunt le souvenir charmant,
Je portois son portrait; et cette vive image
Me soulageoit un peu des chagrins du veuvage :
Mais qu'est-ce qu'un portrait, quand on aime bien fort?
C'est un époux vivant qui console d'un mort.
NÉRINE.
Madame n'aime pas les maris en peinture.
LA COMTESSE.
Cela racquitte-t-il d'une perte aussi dure?

NÉRINE.
C'est irriter le mal au lieu de l'adoucir.
ANGÉLIQUE.
Connoisseuse en maris, vous deviez mieux choisir.
Vous unir à Valère !
LA COMTESSE.
Oui, ma sœur, à lui-même.
ANGÉLIQUE.
Mais vous n'y pensez pas. Croyez-vous qu'il vous aime ?
LA COMTESSE.
S'il m'aime, lui ! s'il m'aime ! Ah, quel aveuglement !
On a certains attraits, un certain enjouement,
Que personne ne peut me disputer, je pense.
ANGÉLIQUE.
Après un si long temps de pleine jouissance,
Vos attraits sont à vous sans contestation.
LA COMTESSE.
Et je puis en user à ma discrétion.
ANGÉLIQUE.
Sans doute. Et je vois bien qu'il n'est pas impossible
Que Valère pour vous ait eu le cœur sensible :
L'or est d'un grand secours pour acheter un cœur ;
Ce métal, en amour, est un grand séducteur.
LA COMTESSE.
En vain vous m'insultez avec un tel langage ;
La modération fut toujours mon partage :

Mais ce n'est point par l'or que brillent mes attraits ;
Et jamais en aimant je ne fis de faux frais.
Mes sentiments, ma sœur, sont différents des vôtres.
Si je connois l'amour, ce n'est que dans les autres.
J'ai beau m'armer de fier, je vois de toutes parts
Mille cœurs amoureux suivre mes étendards :
Un conseiller de robe, un seigneur de finance,
Dorante, le Marquis, briguent mon alliance ;
Mais si d'un nouveau nœud je veux bien me lier,
Je prétends à Valère offrir un cœur entier.
Je fais profession d'une vertu sévère.

ANGÉLIQUE.

Qui peut vous assurer de l'amour de Valère ?

LA COMTESSE.

Qui peut m'en assurer ? mon mérite, je crois.

ANGÉLIQUE.

D'autres sur lui, ma sœur, auroient les mêmes droits.

LA COMTESSE.

Il n'eut jamais pour vous qu'une estime stérile,
Un petit feu léger, vagabond, volatile.
Quand on veut inspirer une solide amour,
Il faut avoir vécu, ma sœur, bien plus d'un jour,
Avoir un certain poids, une beauté formée
Par l'usage du monde, et des ans confirmée.
Vous n'en êtes pas là.

ACTE II, SCÈNE II.
ANGÉLIQUE.
J'attendrai bien du temps.
NÉRINE.
Madame est prévoyante, elle a pris les devants.
Mais on vient.

SCÈNE III.

LA COMTESSE, ANGÉLIQUE, NÉRINE,
UN LAQUAIS.

UN LAQUAIS, *à la Comtesse.*
Le Marquis, madame, est là qui monte.
LA COMTESSE.
Le Marquis ? Hé ! non, non ; il n'est pas sur mon compte.

SCÈNE IV.

LE MARQUIS, LA COMTESSE, ANGÉLIQUE,
NÉRINE.

LE MARQUIS, *se rajustant*, *à la Comtesse.*
Je suis tout en désordre : un maudit embarras
M'a fait quitter ma chaise à deux ou trois cents pas ;
Et j'y serois encor dans des peines mortelles,
Si l'Amour, pour vous voir, ne m'eût prêté ses ailes.
LA COMTESSE.
Que monsieur le Marquis est galant sans fadeur !

LE MARQUIS.

Oh! point du tout, je suis votre humble serviteur;
Mais, à vous parler net, sans que l'esprit fatigue,
Près du sexe je sais me démêler d'intrigue.
 (*apercevant Angélique.*)
Ah, juste ciel! quel est cet admirable objet?

LA COMTESSE.

C'est ma sœur.

LE MARQUIS.

Votre sœur! Vraiment, c'est fort bien fait.
Je vous sais gré d'avoir une sœur aussi belle;
On la prendroit, parbleu, pour votre sœur jumelle.

LA COMTESSE.

Comme à tout ce qu'il dit il donne un joli tour!
Qu'il est sincère! On voit qu'il est homme de cour.

LE MARQUIS.

Homme de cour, moi! non. Ma foi, la cour m'ennuie:
L'esprit de ce pays n'est qu'en superficie;
Sitôt que vous voulez un peu l'approfondir,
Vous rencontrez le tuf. J'y pourrois m'agrandir;
J'ai de l'esprit, du cœur, plus que seigneur en France;
Je joue, et j'y ferois fort bonne contenance:
Mais je n'y vais jamais que par nécessité,
Et pour y rendre au roi quelque civilité.

NÉRINE.

Il vous est obligé, monsieur, de tant de peine.

ACTE II, SCÈNE IV.

LE MARQUIS.

Je n'y suis pas plus tôt, soudain je perds haleine ;
Ces fades compliments sur de grands mots montés,
Ces protestations qui sont futilités,
Ces serrements de main dont on vous estropie,
Ces grands embrassements dont un flatteur vous lie,
M'ôtent à tout moment la respiration :
On ne s'y dit bonjour que par convulsion.

ANGÉLIQUE, *au Marquis.*

Les dames de la cour sont bien mieux votre affaire ?

LE MARQUIS.

Point. Il faut être au moins gros fermier pour leur plaire ;
Leur sotte vanité croit ne pouvoir trop haut
A des faveurs de cour mettre un injuste taux.
Moi, j'aime à pourchasser des beautés mitoyennes.
L'hiver, dans un fauteuil, avec des citoyennes,
Les pieds sur les chenets étendus sans façons,
Je pousse ma fleurette, et conte mes raisons.
Là, toute la maison s'offre à me faire fête ;
Valet, fille de chambre, enfants, tout est honnête :
L'époux même, discret, quand il entend minuit,
Me laisse avec madame, et va coucher sans bruit.
Voilà comme je vis, quand parfois dans la ville
Je veux bien déroger....

NÉRINE.
La manière est facile,

Et ce commerce-là me paroît assez doux.
LE MARQUIS, *à la Comtesse.*
C'est ainsi que je veux en user avec vous.
Je suis tout naturel, et j'aime la franchise ;
Ma bouche ne dit rien que mon cœur n'autorise ;
Et quand de mon amour je vous fais un aveu,
Madame, il est trop vrai que je suis tout en feu.
LA COMTESSE.
Fi donc, petit badin ! un peu de retenue ;
Vous me parlez, Marquis, une langue inconnue :
Le mot d'amour me blesse, et me fait trouver mal.
LE MARQUIS.
L'effet n'en seroit pas peut-être si fatal.
NÉRINE.
Elle veut qu'en détours la chose s'enveloppe ;
Et ce mot dit à cru lui cause une syncope.
ANGÉLIQUE.
Dans la bouche d'un autre il deviendroit plus doux.
LA COMTESSE.
Comment ? qu'est-ce ? plaît-il ? parlez ; expliquez-vous ;
Parlez donc, parlez donc. Apprenez, je vous prie,
Que mortel, quel qu'il soit, ne me dit de ma vie
Un mot douteux qui pût effleurer mon honneur.
LE MARQUIS.
Croiroit-on qu'une veuve auroit tant de pudeur ?

ANGÉLIQUE.

Mais Valère vous aime; et souvent....

LE MARQUIS.

Qu'est-ce à dire,
Valère? Un autre ici conjointement soupire!
Ah! si je le savois, je lui ferois, morbleu!...
Où loge-t-il?

NÉRINE.

Ici.

LE MARQUIS *fait semblant de s'en aller, et revient.*

Nous nous verrons dans peu.

LA COMTESSE.

Mais quel droit avez-vous sur moi?

LE MARQUIS.

Quel droit, ma reine?
Le droit de bienséance, avec celui d'aubaine.
Vous me convenez fort, et je vous conviens mieux.
Sur vous l'on sait assez que je jette les yeux.

LA COMTESSE.

Vous êtes fou, Marquis, de parler de la sorte.

LE MARQUIS.

Je sais ce que je dis, ou le diable m'emporte.

LA COMTESSE.

Sommes-nous donc liés par quelque engagement?

LE MARQUIS.

Non pas autrement.... mais....

LA COMTESSE.

Qu'est-ce à dire ? comment ?... Parlez.

LE MARQUIS.

Je ne sais point prendre en main des trompettes,
Pour publier partout les faveurs qu'on m'a faites.

ANGÉLIQUE.

Eh, ma sœur !

NÉRINE,

Des faveurs !

LE MARQUIS.

Suffit, je suis discret,
Et sais, quand il le faut, oublier un secret.

LA COMTESSE.

On ne connoît que trop ma retenue austère.
Il veut rire.

LE MARQUIS.

Ah ! parbleu, je saurai de Valère
Quel est, en vous aimant, le but de ses désirs,
Et de quel droit il vient chasser sur mes plaisirs.

SCÈNE V.

ANGÉLIQUE, LA COMTESSE, LE MARQUIS, NÉRINE, UN LAQUAIS.

LE LAQUAIS, *rendant un billet au Marquis.*
Monsieur, c'est de la part de la grosse Comtesse.
LE MARQUIS, *le mettant dans sa poche.*
Je le lirai tantôt.

(*Le Laquais sort.*)

SCÈNE VI.

ANGÉLIQUE, LA COMTESSE, LE MARQUIS, NÉRINE, UN SECOND LAQUAIS.

LE SECOND LAQUAIS.
Cette jeune duchesse
Vous attend à vingt pas pour vous mener au jeu.
LE MARQUIS.
Qu'elle attende.

(*Le second Laquais sort.*)

SCÈNE VII.

ANGÉLIQUE, LA COMTESSE, LE MARQUIS, NÉRINE, un troisième Laquais.

LE TROISIÈME LAQUAIS.
Monsieur....

LE MARQUIS.
Encore! Ah! palsambleu,
Il faut que de la ville enfin je me dérobe.

LE TROISIÈME LAQUAIS.
Je viens de voir, monsieur, cette femme de robe,
Qui dit que cette nuit son mari couche aux champs,
Et que ce soir, sans bruit....

LE MARQUIS.
Il suffit, je t'entends :
Tu prendras ce manteau fait pour bonne fortune,
De couleur de muraille ; et tantôt, sur la brune,
Va m'attendre en secret où tu fus avant-hier,
Là....

LE TROISIÈME LAQUAIS.
Je sais.

(*Il sort.*)

SCÈNE VIII.

ANGÉLIQUE, LA COMTESSE, LE MARQUIS, NÉRINE.

LE MARQUIS.
Il faudroit avoir un corps de fer
Pour résister à tout. J'ai de l'ouvrage à faire,
Comme vous le voyez ; mais je m'en veux distraire.
(à la Comtesse.)
Vous ferez désormais tous mes soins les plus doux.
LA COMTESSE.
Si mon cœur étoit libre, il pourroit être à vous.
LE MARQUIS.
Adieu, charmant objet : à regret je vous quitte.
C'est un pesant fardeau d'avoir un gros mérite.

SCÈNE IX.

LA COMTESSE, ANGÉLIQUE, NÉRINE.

NÉRINE, à la Comtesse.
Cet homme-là vous aime épouvantablement.
ANGÉLIQUE, à la Comtesse.
Je ne vous croyois pas un tel engagement.
LA COMTESSE.
Il est vif.

ANGÉLIQUE.
Il vous aime ; et son ardeur est belle.
LA COMTESSE.
L'amour qu'il a pour moi lui tourne la cervelle ;
Il ne m'a pourtant vue encore que deux fois.
NÉRINE.
Il en a donc bien fait la première....

SCÈNE X.

VALÈRE, LA COMTESSE, ANGÉLIQUE, NÉRINE.

NÉRINE.
       Je crois
Voir Valère.
LA COMTESSE.
   L'amour auprès de moi le guide.
NÉRINE.
Il tremble en approchant.
LA COMTESSE.
     J'aime un amant timide,
    (*à Valère.*)
Cela marque un bon fonds. Approchez, approchez ;
Ouvrez de votre cœur les sentiments cachés.
 (*à Angélique.*)
Vous allez voir, ma sœur.

ACTE II, SCÈNE X.

VALÈRE, *à la Comtesse.*

Ah ! quel bonheur, madame,
Que vous me permettiez d'ouvrir toute mon âme !
(*à Angélique.*)
Et quel plaisir de dire, en des transports si doux,
Que mon cœur vous adore, et n'adore que vous !

LA COMTESSE.

L'amour le trouble. Eh quoi ! que faites-vous, Valère ?

VALÈRE.

Ce que vous-même ici m'avez permis de faire.

NÉRINE, *à part.*

Voici du quiproquo.

VALÈRE, *à Angélique.*

Que je serois heureux
S'il vous plaisoit encor de recevoir mes vœux !

LA COMTESSE, *à Valère.*

Vous vous méprenez.

VALÈRE, *à la Comtesse.*

Non. Enfin, belle Angélique,
Entre mon oncle et moi que votre cœur s'explique ;
Le mien est tout à vous, et jamais, dans un cœur....

LA COMTESSE.

Angélique !

VALÈRE.

On ne vit une plus noble ardeur.

LA COMTESSE.

Ce n'est donc pas pour moi que votre cœur soupire?

VALÈRE.

Madame, en ce moment je n'ai rien à vous dire.
Regardez votre sœur; et jugez si ses yeux
Ont laissé dans mon cœur de place à d'autres feux.

LA COMTESSE.

Quoi! d'aucun feu pour moi votre âme n'est éprise?

VALÈRE.

Quelques civilités que l'usage autorise....

LA COMTESSE.

Comment?

ANGÉLIQUE.

Il ne faut pas avec sévérité
Exiger des amants trop de sincérité.
Ma sœur, tout doucement avalez la pilule.

LA COMTESSE.

Taisez-vous, s'il vous plaît, petite ridicule.

VALÈRE, *à la Comtesse.*

Vous avez cent vertus, de l'esprit, de l'éclat;
Vous êtes belle, riche, et....

LA COMTESSE.

Vous êtes un fat.

ANGÉLIQUE.

La modération, qui fut votre partage,
Vous ne la mettez pas, ma sœur, trop en usage.

LA COMTESSE.

Monsieur vaut-il le soin qu'on se mette en courroux?
C'est un extravagant; il est tout fait pour vous.
(*Elle sort.*)

SCÈNE XI.

VALÈRE, ANGÉLIQUE, NÉRINE.

NÉRINE, *à part.*

Elle connoît ses gens.

VALÈRE.

Oui, pour vous je soupire,
Et je voudrois avoir cent bouches pour le dire.

NÉRINE, *bas, à Angélique.*

Allons, madame, allons, ferme, voici le choc :
Point de foiblesse, au moins ; ayez un cœur de roc.

ANGÉLIQUE, *bas, à Nérine.*

Ne m'abandonne point.

NÉRINE, *bas, à Angélique.*

Non, non ; laissez-moi faire.

VALÈRE.

Mais que me sert, hélas ! que mon cœur vous préfère ?
Que sert à mon amour un si sincère aveu ?
Vous ne m'écoutez point, vous dédaignez mon feu ;
De vos beaux yeux pourtant, cruelle, il est l'ouvrage.
Je sais qu'à vos beautés c'est faire un dur outrage

4.

De nourrir dans mon cœur des désirs partagés;
Que la fureur du jeu se mêle où vous régnez :
Mais....

ANGÉLIQUE.

Cette passion est trop forte en votre âme
Pour croire que l'amour d'aucun feu vous enflamme:
Suivez, suivez l'ardeur de vos emportements;
Mon cœur n'en aura point de jaloux sentiments.

NÉRINE, *bas, à Angélique.*

Optimè.

VALÈRE.

Désormais, plein de votre tendresse,
Nulle autre passion n'a rien qui m'intéresse :
Tout ce qui n'est point vous me paroît odieux.

ANGÉLIQUE, *d'un ton plus tendre.*

Non, ne vous présentez jamais devant mes yeux.

NÉRINE, *bas, à Angélique.*

Vous mollissez.

VALÈRE.

Jamais! Quelle rigueur extrême!
Jamais! Ah! que ce mot est cruel quand on aime!
Eh quoi! rien ne pourra fléchir votre courroux?
Vous voulez donc me voir mourir à vos genoux?

ANGÉLIQUE.

Je prends peu d'intérêt, monsieur, à votre vie.

ACTE II, SCÈNE XI.

NÉRINE, *bas, à Angélique.*
Nous allons bientôt voir jouer la comédie....
VALÈRE.
Ma mort sera l'effet de mon cruel dépit.
NÉRINE, *bas, à Angélique.*
Qu'un amant mort pour nous nous mettroit en crédit !
VALÈRE.
Vous le voulez ? Eh bien ! il faut vous satisfaire,
Cruelle ! il faut mourir.
(*Il veut tirer son épée.*)
ANGÉLIQUE, *l'arrêtant.*
Que faites-vous, Valère ?
NÉRINE, *bas, à Angélique.*
Eh bien ! ne voilà pas votre tendre maudit
Qui vous prend à la gorge ! Euh !
ANGÉLIQUE, *bas, à Nérine.*
Tu ne m'as pas dit,
Nérine, qu'il viendroit se percer à ma vue ;
Et je tremble de peur, quand une épée est nue.
NÉRINE, *à part.*
Que les amants sont sots !
VALÈRE.
Puisqu'un soin généreux
Vous intéresse encore aux jours d'un malheureux,
Non, ce n'est point assez de me rendre la vie ;
Il faut que par l'amour désarmée, attendrie,

Vous me rendiez encor ce cœur si précieux,
Ce cœur sans qui le jour me devient odieux.

ANGÉLIQUE, *bas, à Nérine.*

Nérine, qu'en dis-tu ?

NÉRINE, *bas, à Angélique.*

Je dis qu'en la mêlée
Vous avez moins de cœur qu'une poule mouillée.

VALÈRE.

Madame, au nom des dieux, au nom de vos attraits....

ANGÉLIQUE.

Si vous me promettiez....

VALÈRE.

Oui, je vous le promets,
Que la fureur du jeu sortira de mon âme,
Et que j'aurai pour vous la plus ardente flamme....

NÉRINE, *à part.*

Pour faire des serments il est toujours tout prêt.

ANGÉLIQUE.

Il faut encore, ingrat, vouloir ce qu'il vous plaît.
Oui, je vous rends mon cœur.

VALÈRE, *baisant la main d'Angélique.*

Ah! quelle joie extrême!

ANGÉLIQUE.

Et, pour vous faire voir à quel point je vous aime,
Je joins à ce présent celui de mon portrait.

(*Elle lui donne son portrait enrichi de diamants.*)

ACTE II, SCÈNE XI.

NÉRINE, *à part.*

Hélas! de mes sermons voilà quel est l'effet!

VALÈRE.

Quel excès de faveur!

ANGÉLIQUE.

Gardez-le, je vous prie.

VALÈRE, *le baisant.*

Que je le garde, ô ciel! le reste de ma vie....
Que dis-je? je prétends que ce portrait si beau
Soit mis avecque moi dans le même tombeau,
Et que même la mort jamais ne nous sépare.

NÉRINE, *à part.*

Que l'esprit d'une fille est changeant et bizarre!

ANGÉLIQUE.

Ne me trompez donc plus, Valère; et que mon cœur
Ne se repente point de sa facile ardeur.

VALÈRE.

Fiez-vous aux serments de mon âme amoureuse.

NÉRINE, *à part.*

Ah! que voilà pour l'oncle une époque fâcheuse!

SCÈNE XII.

VALÈRE, *seul.*

Est-il dans l'univers de mortel plus heureux?

Elle me rend son cœur; elle comble mes vœux,
M'accable de faveurs....

SCÈNE XIII.

VALÈRE, HECTOR.

HECTOR.

Monsieur, je viens vous dire....

VALÈRE.

Je suis tout transporté. Vois, considère, admire;
Angélique m'a fait ce généreux présent.

HECTOR.

Que les brillants sont gros ! Pour être plus content,
Je vous amène encore un lénitif de bourse,
Une usurière.

VALÈRE.

Et qui ?

HECTOR.

Madame la Ressource.

SCÈNE XIV.

MADAME LA RESSOURCE, VALÈRE, HECTOR.

VALÈRE, *embrassant madame la Ressource.*

Hé ! bonjour, mon enfant : tu ne peux concevoir

ACTE II, SCÈNE XIV.

Jusqu'où va dans mon cœur le plaisir de te voir.

Mme LA RESSOURCE.

Je vous suis obligée on ne peut davantage.

HECTOR.

Elle est jolie encor. Mais quel sombre équipage!
Vous voilà, sans mentir, aussi noire qu'un four.

VALÈRE.

Ne vois-tu pas, Hector, que c'est un deuil de cour?

Mme LA RESSOURCE.

Oh! monsieur, point du tout. Je suis une bourgeoise
Qui sais me mesurer justement à ma toise.
J'en connois bien pourtant, qui ne me valent pas,
Qui se font teindre en noir du haut jusques en bas:
Mais pour moi, je n'ai point cette sotte manie;
Et si mon pauvre époux étoit encore en vie....
  (*Elle pleure.*)

VALÈRE.

Quoi! monsieur la Ressource est mort?

Mme LA RESSOURCE.

                                      Subitement.

HECTOR, *pleurant.*

Subitement? Hélas! j'en suis fâché vraiment.
  (*bas, à Valère.*)
Au fait.

VALÈRE.

J'aurois besoin, madame la Ressource,

De mille écus.
Mme LA RESSOURCE.
Monsieur, disposez de ma bourse.
VALÈRE.
Je fais, bien entendu, mon billet au porteur.
HECTOR.
Et je veux l'endosser.
Mme LA RESSOURCE.
Avec les gens d'honneur
On ne perd jamais rien.
VALÈRE.
Je veux que tu le prennes.
Nous faisons ici-bas des routes incertaines ;
Je pourrois bien mourir. Ce maraud m'avoit dit
Que sur des gages sûrs tu prêtois à crédit.
Mme LA RESSOURCE.
Sur des gages, monsieur? c'est une médisance ;
Je sais que ce seroit blesser ma conscience.
Pour des nantissements qui valent bien leur prix,
De la vieille vaisselle au poinçon de Paris,
Des diamants usés, et qu'on ne sauroit vendre,
Sans risquer mon honneur, je crois que j'en puis prendre.
VALÈRE.
Je n'ai, pour te donner, vaisselle ni bijoux.
HECTOR.
Oh! parbleu, nous marchons sans crainte des filous.

ACTE II, SCÈNE XIV.

Mme LA RESSOURCE.

Eh bien! nous attendrons, monsieur, qu'il vous en vienne.

VALÈRE.

Compte, ma pauvre enfant, que ma mort est certaine
Si je n'ai dans ce jour mille écus.

Mme LA RESSOURCE.

Ah, monsieur!
Je voudrois les avoir, ce seroit de grand cœur.

VALÈRE.

Ma charmante, mon cœur, ma reine, mon aimable,
Ma belle, ma mignonne, et ma tout adorable.

HECTOR, *à genoux*.

Par pitié.

Mme LA RESSOURCE.

Je ne puis.

HECTOR.

Ah! que nous sommes fous!
Tous ces gens-là, monsieur, ont des cœurs de cailloux.
Sans des nantissements il ne faut rien prétendre.

VALÈRE.

Dis-moi donc, si tu veux, où je les pourrai prendre.

HECTOR.

Attendez.... Mais comment, avec un cœur d'airain,
Refuser un billet endossé de ma main?

VALÈRE.

Mais vois donc.

LE JOUEUR.

HECTOR.

Laissez-moi, je cherche en ma boutique.

VALÈRE, *bas, à Hector.*

Écoute.... Nous avons le portrait d'Angélique.
Dans le temps difficile il faut un peu s'aider.

HECTOR, *bas, à Valère.*

Ah ! que dites-vous là ? vous devez le garder.

VALÈRE, *bas, à Hector.*

D'accord ; honnêtement je ne puis m'en défaire.

Mme LA RESSOURCE.

Adieu. Quelque autre fois nous finirons l'affaire.

VALÈRE, *à madame la Ressource.*

(*bas, à Hector.*)

Attendez donc. Tu sais jusqu'où vont mes besoins.
N'ayant pas son portrait, l'en aimerai-je moins ?

HECTOR, *bas, à Valère.*

Fort bien. Mais voulez-vous que cette perfidie....

VALÈRE, *bas, à Hector.*

Il est vrai. J'ai tantôt cette grosse partie
De ces joueurs en fonds qui doivent s'assembler.

Mme LA RESSOURCE.

Adieu.

VALÈRE, *à madame la Ressource.*

Demeurez donc : où voulez-vous aller ?
(*bas, à Hector.*)
Je ferai de l'argent ; ou celui de mon père,

ACTE II, SCÉNE XIV.

Quoi qu'il puisse arriver, nous tirera d'affaire.

HECTOR, *bas, à Valère.*

Que peut dire Angélique alors qu'elle apprendra
Que de son cher portrait....

VALÈRE, *bas, à Hector.*

Et qui le lui dira?
Dans une heure au plus tard nous irons le reprendre.

HECTOR, *bas, à Valère.*

Dans une heure?

VALÈRE, *bas, à Hector.*
Oui, vraiment.

HECTOR, *bas, à Valère.*

Je commence à me rendre.

VALÈRE, *bas, à Hector.*

Je me mettrois en gage en mon besoin urgent.

HECTOR, *bas, à Valère, le considérant.*

Sur cette nippe-là vous auriez peu d'argent.

VALÈRE, *bas, à Hector.*

On ne perd pas toujours : je gagnerai sans doute.

HECTOR, *bas, à Valère.*

Votre raisonnement met le mien en déroute.
Je sais que ce micmac ne vaut rien dans le fond.

VALÈRE, *bas, à Hector.*

Je m'en tirerai bien, Hector, je t'en répond.

LE JOUEUR.

(*à madame la Ressource, montrant le portrait d'Angélique.*)

Peut-on sur ce bijou, sans trop de complaisance....

Mme LA RESSOURCE.

Oui, je puis maintenant prêter en conscience ;
Je vois des diamants qui répondent du prêt,
Et qui peuvent porter un modeste intérêt.
Voilà les mille écus comptés dans cette bourse.

VALÈRE.

Je vous suis obligé, madame la Ressource.
Au moins ne manquez pas de revenir tantôt ;
Je prétends retirer mon portrait au plus tôt.

Mme LA RESSOURCE.

Volontiers. Nous aimons à changer de la sorte :
Plus notre argent fatigue, et plus il nous rapporte.
Adieu, messieurs. Je suis tout à vous à ce prix.

(*Elle sort.*)

HECTOR, *à madame la Ressource.*

Adieu, Juif, le plus Juif qui soit dans tout Paris.

SCÈNE XV.

VALÈRE, HECTOR.

HECTOR.

Vous faites là, monsieur, une action inique.

ACTE II, SCÈNE XV.

VALÈRE.

Aux maux désespérés il faut de l'émétique :
Et cet argent, offert par les mains de l'amour,
Me dit que la fortune est pour moi dans ce jour.

FIN DU SECOND ACTE.

ACTE TROISIÈME.

SCÈNE I.

DORANTE, NÉRINE.

DORANTE.

Quel est donc le sujet pourquoi ton cœur soupire?

NÉRINE.

Nous n'avons pas, monsieur, tous deux sujet de rire.

DORANTE.

Dis-moi donc, si tu veux, le sujet de tes pleurs.

NÉRINE.

Il faut aller, monsieur, chercher fortune ailleurs.

DORANTE.

Chercher fortune ailleurs ? As-tu fait quelque pièce
Qui t'auroit fait sitôt chasser de ta maîtresse ?

NÉRINE, *pleurant plus fort.*

Non : c'est de votre sort dont j'ai compassion ;
Et c'est à vous d'aller chercher condition.

DORANTE.

Que dis-tu ?

ACTE III, SCÈNE I.

NÉRINE.

Qu'Angélique est une âme légère,
Et s'est mieux que jamais rengagée à Valère.

DORANTE.

Quoique pour mon amour ce coup soit assommant,
Je ne suis point surpris d'un pareil changement.
Je sais que cet amant tout entière l'occupe :
De ses ardeurs pour moi je ne suis point la dupe ;
Et, lorsque de ses feux je sens quelque retour,
Je dois tout au dépit, et rien à son amour.
Je ne veux point, Nérine, éclater en injures,
Ni rappeler ici ses serments, ses parjures :
Ainsi que mon amour, je calme mon courroux.

NÉRINE.

Si vous saviez, monsieur, ce que j'ai fait pour vous !

DORANTE.

Tiens, reçois cette bague ; et dis à ta maîtresse
Que, malgré ses dédains, elle aura ma tendresse,
Et que la voir heureuse est mon plus grand bonheur.

NÉRINE, *prenant la bague en pleurant.*

Ah! ah! je n'en puis plus ; vous me fendez le cœur.

SCÈNE II.

GÉRONTE, HECTOR, DORANTE, NÉRINE.

HECTOR, *à Géronte.*

Oui, monsieur, Angélique épousera Valère :
Ils ont signé la paix.

GÉRONTE, *à Hector.*

(*à Dorante.*)

Tant mieux. Bonjour, mon frère.
Qu'est-ce ? Eh bien ? Qu'avez-vous ? Vous êtes tout changé.
Allons, gai. Vous a-t-on donné votre congé ?

DORANTE.

Vous êtes bien instruit des chagrins qu'on me donne !
On ne me verra point violenter personne ;
Et quand je perds un cœur qui cherche à s'éloigner,
Mon frère, je prétends moins perdre que gagner.

GÉRONTE.

Voilà les sentiments d'un héros de Cassandre.
Entre nous, vous aviez fort grand tort de prétendre
Que sur votre neveu vous pussiez l'emporter.

DORANTE.

Non, je ne sus jamais jusque-là me flatter.
La jeunesse toujours eut des droits sur les belles :
L'amour est un enfant qui badine avec elles ;
Et quand, à certain âge, on veut se faire aimer,

ACTE III, SCÈNE II.

C'est un soin indiscret qu'on devroit réprimer.

GÉRONTE.

Je suis, en vérité, ravi de vous entendre;
Et vous prenez la chose ainsi qu'il la faut prendre.

NÉRINE.

Si l'on m'en avoit cru, tout n'en iroit que mieux.

DORANTE.

Ma présence est assez inutile en ces lieux.
Je vais de mon amour tâcher à me défaire.

(*Il sort.*)

GÉRONTE.

Allez, consolez-vous; c'est fort bien fait, mon frère.
Adieu.

SCÈNE III.

GÉRONTE, NÉRINE, HECTOR.

GÉRONTE.

Le pauvre enfant! Son sort me fait pitié.

NÉRINE, *s'en allant.*

J'en ai le cœur saisi.

HECTOR.

Moi, j'en pleure à moitié.

Le pauvre homme!

SCÈNE IV.

GÉRONTE, HECTOR.

HECTOR, *tirant un papier roulé avec plusieurs autres papiers.*

Voilà, monsieur, un petit rôle
Des dettes de mon maître. Il vous tient sa parole,
Comme vous le voyez ; et croit qu'en tout ceci
Vous voudrez bien, monsieur, tenir la vôtre aussi.

GÉRONTE.

Çà, voyons, expédie au plus tôt ton affaire.

HECTOR.

J'aurai fait en deux mots. L'honnête homme de père !
Ah ! qu'à notre secours à propos vous venez !
Encore un jour plus tard, nous étions ruinés.

GÉRONTE.

Je le crois.

HECTOR.

N'allez pas sur les points vous débattre ;
Foi d'honnête garçon, je n'en puis rien rabattre :
Les choses sont, monsieur, tout au plus juste prix :
De plus, je vous promets que je n'ai rien omis.

GÉRONTE.

Finis donc.

ACTE III, SCÈNE IV.

HECTOR.

Il faut bien se mettre sur ses gardes.
« Mémoire juste et bref de nos dettes criardes,
« Que Mathurin Géronte auroit tantôt promis,
« Et promet maintenant de payer pour son fils. »

GÉRONTE.

Que je les paie, ou non, ce n'est pas ton affaire.
Lis toujours.

HECTOR.

C'est, monsieur, ce que je m'en vais faire.
« *Item*, doit à Richard cinq cents livres dix sous,
« Pour gages de cinq ans, frais, mises, loyaux coûts. »

GÉRONTE.

Quel est ce Richard ?

HECTOR.

Moi, fort à votre service.
Ce nom n'étant point fait du tout à la propice
D'un valet de joueur, je me suis de nouveau
Donné celui d'Hector, du valet de carreau.

GÉRONTE.

Le beau nom !

HECTOR.

C'est un nom d'une nouvelle espèce,
Qui part de mon esprit, fécond en gentillesse.
« Secondement, il doit à Jérémie Aaron,
« Usurier de métier, juif de religion.... »

GÉRONTE.

Tout beau, n'embrouillons point, s'il vous plaît, les affaires,
Je ne veux point payer les dettes usuraires.

HECTOR.

Eh bien! soit. « Plus, il doit à maints particuliers,
« Ou quidams, dont les noms, qualités et métiers
« Sont décrits plus au long avecque les parties
« Ès assignations dont je tiens les copies,
« Dont tous lesdits quidams, ou du moins peu s'en faut,
« Ont obtenu déjà sentence par défaut,
« La somme de dix mille une livre, une obole,
« Pour l'avoir, sans relâche, un an, sur sa parole,
« Habillé, voituré, coiffé, chaussé, ganté,
« Alimenté, rasé, désaltéré, porté. »

GÉRONTE, *faisant sauter les papiers que tient Hector.*
Désaltéré, porté! Que le diable t'emporte,
Et ton maudit mémoire écrit de telle sorte!

HECTOR, *après avoir ramassé les papiers.*
Si vous ne m'en croyez, demain, pour vous trouver,
J'enverrai les quidams tous à votre lever.

GÉRONTE.

La belle cour!

HECTOR.

« De plus, à madame une telle,
« Pour certaine maison que nous occupons d'elle,
« Sise vers le rempart, deux cent cinquante écus,

ACTE III, SCÈNE IV.

« Pour parfait payement de cinq quartiers échus. »

GÉRONTE.

Quelle est cette maison ?

HECTOR.

Monsieur, c'est un asile
Où nous nous retirons du fracas de la ville ;
Où mon maître la nuit, pour noyer son chagrin,
Fait entrer, sans payer, quelques quartauts de vin.

GÉRONTE.

Et tu prétends, bourreau....

HECTOR, *tournant le rôle.*

Monsieur, point d'invectives.
Voici le contenu de nos dettes actives :
Et vous allez bien voir que le compte suivant,
Payé fidèlement, se monte à presque autant.

GÉRONTE.

Voyons.

HECTOR.

« Premièrement, Isaac de la Serre.... »
Il est connu de vous.

GÉRONTE.

Et de toute la terre :
C'est ce négociant, ce banquier si fameux.

HECTOR.

Nous ne vous donnons pas de ces effets verreux ;
Cela sent comme baume. Or donc ce de la Serre,

Si bien connu de vous et de toute la terre,
Ne nous doit rien.
####### GÉRONTE.
Comment !
####### HECTOR.
Mais un de ses parents,
Mort aux champs de Fleurus, nous doit dix mille francs.
####### GÉRONTE.
Voilà certainement un effet fort bizarre !
####### HECTOR.
Oh ! s'il n'étoit pas mort, c'étoit de l'or en barre !
« Plus, à mon maître est dû, du chevalier Fijac,
« Les droits hypothéqués sur un tour de trictrac. »
####### GÉRONTE.
Que dis-tu ?
####### HECTOR.
La partie est de deux cents pistoles :
C'est une dupe ; il fait en un tour vingt écoles :
Il ne faut plus qu'un coup.
####### GÉRONTE, *lui donnant un soufflet.*
Tiens, maraud, le voilà,
Pour m'offrir un mémoire égal à celui-là.
Va porter cet argent à celui qui t'envoie.
####### HECTOR.
Il ne voudra jamais prendre cette monnoie.

ACTE III, SCÈNE IV.

GÉRONTE.

Impertinent maraud ! va, je t'apprendrai bien,
Avecque ton trictrac....

HECTOR.
Il a dix trous à rien.

SCÈNE V.

HECTOR, *seul.*

Sa main est à frapper, non à donner légère ;
Et mon maître a bien fait de faire ailleurs affaire.

SCÈNE VI.

VALÈRE, HECTOR.

(*Valère entre en comptant beaucoup d'argent dans son chapeau.*)

HECTOR, *à part.*

Mais le voici qui vient poussé d'un heureux vent :
Il a les yeux sereins et l'accueil avenant.

(*haut.*)

Par votre ordre, monsieur, j'ai vu monsieur Géronte,
Qui de notre mémoire a fait fort peu de compte :
Sa monnoie est frappée avec un vilain coin ;
Et de pareil argent nous n'avons pas besoin.
J'ai vu, chemin faisant, aussi monsieur Dorante :

Morbleu, qu'il est fâché !

VALÈRE, *comptant toujours.*

Mille deux cent cinquante.

HECTOR, *à part.*

La flotte est arrivée avec les galions :
Cela va diablement hausser nos actions.

(*haut.*)

J'ai vu pareillement, par votre ordre, Angélique ;
Elle m'a dit....

VALÈRE, *frappant du pied.*

Morbleu ! ce dernier coup me pique ;

Sans les cruels revers de deux coups inouïs,
J'aurois encor gagné plus de deux cents louis.

HECTOR.

Cette fille, monsieur, de votre amour est folle.

VALÈRE.

Damon m'en doit encor deux cents sur sa parole.

HECTOR, *le tirant par la manche.*

Monsieur, écoutez-moi ; calmez un peu vos sens :
Je parle d'Angélique, et depuis fort long-temps.

VALÈRE, *avec distraction.*

Ah ! d'Angélique ? Eh bien, comment suis-je avec elle ?

HECTOR.

On n'y peut être mieux. Ah, monsieur ! qu'elle est belle !
Et que j'ai de plaisir à vous voir raccroché !

ACTE III, SCÈNE VI.

VALÈRE, *avec distraction*.

A te dire le vrai, je n'en suis pas fâché.

HECTOR.

Comment! quelle froideur s'empare de votre âme!
Quelle glace! Tantôt vous étiez tout de flamme.
Ai-je tort, quand je dis que l'argent de retour
Vous fait faire toujours banqueroute à l'amour?
Vous vous sentez en fonds, *ergo* plus de maîtresse.

VALÈRE.

Ah! juge mieux, Hector, de l'amour qui me presse.
J'aime autant que jamais; mais sur ma passion
J'ai fait, en te quittant, quelque réflexion.
Je ne suis point du tout né pour le mariage :
Des parents, des enfants, une femme, un ménage;
Tout cela me fait peur. J'aime la liberté.

HECTOR.

Et le libertinage.

VALÈRE.

Hector, en vérité,
Il n'est point dans le monde un état plus aimable
Que celui d'un joueur : sa vie est agréable;
Ses jours sont enchaînés par des plaisirs nouveaux :
Comédie, opéra, bonne chère, cadeaux;
Il traîne en tous les lieux la joie et l'abondance :
On voit régner sur lui l'air de magnificence;
Tabatières, bijoux : sa poche est un trésor;

Sous ses heureuses mains le cuivre devient or.
HECTOR.
Et l'or devient à rien.
VALÈRE.
Chaque jour mille belles
Lui font la cour par lettre, et l'invitent chez elles :
La porte, à son aspect, s'ouvre à deux grands battants;
Là, vous trouvez toujours des gens divertissants;
Des femmes qui jamais n'ont pu fermer la bouche,
Et qui sur le prochain vous tirent à cartouche;
Des oisifs de métier, et qui toujours sur eux
Portent de tout Paris le lardon scandaleux;
Des Lucrèces du temps, là, de ces filles veuves
Qui veulent imposer et se donner pour neuves;
De vieux seigneurs toujours prêts à vous cajoler;
Des plaisants qui font rire avant que de parler.
Plus agréablement peut-on passer la vie ?
HECTOR.
D'accord. Mais quand on perd, tout cela vous ennuie.
VALÈRE.
Le jeu rassemble tout ; il unit à la fois
Le turbulent marquis, le paisible bourgeois :
La femme du banquier, dorée et triomphante,
Coupe orgueilleusement la duchesse indigente.
Là, sans distinction, on voit aller de pair
Le laquais d'un commis avec un duc et pair;

ACTE III, SCÈNE VI.

Et, quoi qu'un sort jaloux nous ait fait d'injustices,
De sa naissance ainsi l'on venge les caprices.

HECTOR.

A ce qu'on peut juger de ce discours charmant,
Vous voilà donc en grâce avec l'argent comptant.
Tant mieux. Pour se conduire en bonne politique,
Il faudroit retirer le portrait d'Angélique.

VALÈRE.

Nous verrons.

HECTOR.

Vous savez....

VALÈRE.

Je dois jouer tantôt.

HECTOR.

Tirez-en mille écus.

VALÈRE.

Oh! non; c'est un dépôt....

HECTOR.

Pour mettre quelque chose à l'abri des orages,
S'il vous plaisoit du moins de me payer mes gages?

VALÈRE.

Quoi! je te dois?

HECTOR.

Depuis que je suis avec vous,
Je n'ai pas, en cinq ans, encor reçu cinq sous.

LE JOUEUR.

VALÈRE.

Mon père te payera; l'article est au mémoire.

HECTOR.

Votre père? Ah, monsieur! c'est une mer à boire;
Son argent n'a point cours, quoiqu'il soit bien de poids.

VALÈRE.

Va, j'examinerai ton compte une autre fois.
J'entends venir quelqu'un.

HECTOR.

Je vois votre sellière :
Elle a flairé l'argent.

VALÈRE, *mettant promptement son argent dans sa poche.*

Il faut nous en défaire.

HECTOR.

Et monsieur Galonnier, votre honnête tailleur.

VALÈRE.

Quel contre-temps!

SCÈNE VII.

Mme ADAM, M. GALONNIER, VALÈRE, HECTOR.

VALÈRE.

Je suis votre humble serviteur.
Bonjour, madame Adam. Quelle joie est la mienne!
Vous voir! c'est du plus loin, parbleu, qu'il me souvienne

ACTE III, SCÈNE VII.

Mme ADAM.

Je viens pourtant ici souvent faire ma cour;
Mais vous jouez la nuit, et vous dormez le jour.

VALÈRE.

C'est pour cette calèche à velours à ramage?

Mme ADAM.

Oui, s'il vous plaît.

VALÈRE.

Je suis fort content de l'ouvrage;
(*bas, à Hector.*)
Il faut vous le payer.... Songe par quel moyen
Tu pourras me tirer de ce triste entretien.
(*haut.*)
Vous, monsieur Galonnier, quel sujet vous amène?

M. GALONNIER.

Je viens vous demander ...

HECTOR, *à M. Galonnier.*

Vous prenez trop de peine.

M. GALONNIER, *à Valère.*

Vous....

HECTOR, *à M. Galonnier.*

Vous faites toujours mes habits trop étroits.

M. GALONNIER, *à Valère.*

Si....

HECTOR, *à M Galonnier.*

Ma culotte s'use en deux ou trois endroits.

M. GALONNIER, *à Valère.*

Je....

HECTOR, *à M. Galonnier.*

Vous cousez si mal....

Mme ADAM.

Nous marions ma fille.

VALÈRE.

Quoi ! vous la mariez ? Elle est vive et gentille ;
Et son époux futur doit en être content.

Mme ADAM.

Nous aurions grand besoin d'un peu d'argent comptant.

VALÈRE.

Je veux, madame Adam, mourir à votre vue,
Si j'ai....

Mme ADAM.

Depuis long-temps cette somme m'est due.

VALÈRE.

Que je sois un maraud, déshonoré cent fois,
Si l'on m'a vu toucher un sou depuis six mois.

HECTOR.

Oui, nous avons tous deux, par piété profonde,
Fait vœu de pauvreté : nous renonçons au monde.

M. GALONNIER.

Que votre cœur pour moi se laisse un peu toucher !
Notre femme est, monsieur, sur le point d'accoucher.
Donnez-moi cent écus sur et tant moins de dettes.

ACTE III, SCÈNE VII.

HECTOR, *à M. Galonnier.*

Et de quoi diable aussi, du métier dont vous êtes,
Vous avisez-vous là de faire des enfants?
Faites-moi des habits.

M. GALONNIER.

Seulement deux cents francs.

VALÈRE.

Et mais.... si j'en avois.... comptez que dans la vie
Personne de payer n'eut jamais tant d'envie.
Demandez....

HECTOR.

S'il avoit quelques deniers comptants,
Ne me payeroit-il pas mes gages de cinq ans?
Votre dette n'est pas meilleure que la mienne.

Mme ADAM.

Mais quand faudra-t-il donc, monsieur, que je revienne?

VALÈRE.

Mais.... quand il vous plaira.... dès demain; que sait-on?

HECTOR.

Je vous avertirai, quand il y fera bon.

M. GALONNIER.

Pour moi, je ne sors pas d'ici qu'on ne m'en chasse.

HECTOR, *à part.*

Non, je ne vis jamais d'animal si tenace.

VALÈRE.

Écoutez, je vous dis un secret, qui, je croi,

Vous plaira dans la suite autant et plus qu'à moi :
Je vais me marier tout-à-fait ; et mon père
Avec mes créanciers doit me tirer d'affaire.

HECTOR.

Pour le coup....

Mme ADAM.

Il me faut de l'argent cependant.

HECTOR.

Cette raison vaut mieux que de l'argent comptant.
Montrez-nous les talons.

M. GALONNIER.

Monsieur, ce mariage
Se fera-t-il bientôt ?

HECTOR.

Tout au plus tôt. J'enrage.

Mme ADAM.

Sera-ce dans ce jour ?

HECTOR.

Nous l'espérons. Adieu.
Sortez. Nous attendons la future en ce lieu ;
Si l'on vous trouve ici, vous gâterez l'affaire.

Mme ADAM.

Vous me promettez donc....

HECTOR.

Allez, laissez-moi faire.

Mme ADAM *et* M. GALONNIER, *ensemble.*
Mais, monsieur....

HECTOR, *les mettant dehors.*
Que de bruit! Oh, parbleu! détalez.

SCÈNE VIII.

VALÈRE, HECTOR.

HECTOR, *riant.*
Voilà des créanciers assez bien régalés.
Vous devriez pourtant, en fonds comme vous êtes....

VALÈRE.
Rien ne porte malheur comme payer ses dettes.

HECTOR.
Ah! je ne dois donc plus m'étonner désormais
Si tant d'honnêtes gens ne les payent jamais.

SCÈNE IX.

LE MARQUIS, VALÈRE, HECTOR, TROIS LAQUAIS.

HECTOR.
Mais voici le Marquis, ce héros de tendresse.

VALÈRE.
C'est là le soupirant?

6.

LE JOUEUR.

HECTOR.
Oui, de notre Comtesse.

LE MARQUIS, *vers la coulisse.*
Que ma chaise se tienne à deux cents pas d'ici.
Et vous, mes trois Laquais, éloignez-vous aussi :
Je suis *incognito.*

(*Les Laquais sortent.*)

SCÈNE X.

LE MARQUIS, VALÈRE, HECTOR.

HECTOR, *à Valère.*
Que prétend-il donc faire ?

LE MARQUIS, *à Valère.*
N'est-ce pas vous, monsieur, qui vous nommez Valère?

VALÈRE.
Oui, monsieur ; c'est ainsi qu'on m'a toujours nommé.

LE MARQUIS.
Jusques au fond du cœur j'en suis parbleu charmé.
Faites que ce valet à l'écart se retire.

VALÈRE, *à Hector.*
Va-t'en.

HECTOR.
Monsieur,...

VALÈRE.
Va-t'en ; faut-il te le redire ?

SCÈNE XI.

LE MARQUIS, VALÈRE.

LE MARQUIS.
Savez-vous qui je suis ?
VALÈRE.
Je n'ai pas cet honneur.
LE MARQUIS, *à part.*
Courage ; allons, Marquis, montre de la vigueur :
(*haut.*)
Il craint. Je suis pourtant fort connu dans la ville ;
Et, si vous l'ignorez, sachez que je faufile
Avec ducs, archiducs, princes, seigneurs, marquis,
Et tout ce que la cour offre de plus exquis,
Petits-maîtres de robe à courte et longue queue.
J'évente les beautés, et leur plais d'une lieue.
Je m'érige aux repas en maître architriclin ;
Je suis le chansonnier et l'âme du festin.
Je suis parfait en tout. Ma valeur est connue ;
Je ne me bats jamais qu'aussitôt je ne tue :
De cent jolis combats je me suis démêlé :
J'ai la botte trompeuse, et le jeu très brouillé.
Mes aïeux sont connus ; ma race est ancienne ;
Mon trisaïeul étoit vice-bailli du Maine.
J'ai le vol du chapon : ainsi, dès le berceau,

Vous voyez que je suis gentilhomme manceau.
VALÈRE.
On le voit à votre air.
LE MARQUIS.
     J'ai sur certaine femme
Jeté, sans y songer, quelque amoureuse flamme.
J'ai trouvé la matière assez sèche de soi ;
Mais la belle est tombée amoureuse de moi.
Vous le croyez sans peine ; on est fait d'un modèle
A prétendre hypothèque, à fort bon droit, sur elle ;
Et vouloir faire obstacle à de telles amours,
C'est prétendre arrêter un torrent dans son cours.
VALÈRE.
Je ne crois pas, monsieur, qu'on fût si téméraire.
LE MARQUIS.
On m'assure pourtant que vous le voulez faire.
VALÈRE.
Moi ?
LE MARQUIS.
  Que, sans respecter ni rang ni qualité,
Vous nourrissez dans l'âme une velléité
De me barrer son cœur.
VALÈRE.
     C'est pure médisance ;
Je sais ce qu'entre nous le sort mit de distance.

ACTE III, SCÈNE XI.

LE MARQUIS, *bas.*
(*haut.*)

Il tremble. Savez-vous, monsieur du lansquenet,
Que j'ai de quoi rabattre ici votre caquet?

VALÈRE.

Je le sais.

LE MARQUIS.

Vous croyez, en votre humeur caustique,
En agir avec moi comme avec l'as de pique?

VALÈRE.

Moi, monsieur?

LE MARQUIS, *bas.*
(*haut.*)

Il me craint. Vous faites le plongeon,
Petit noble à nasarde, enté sur sauvageon.
(*Valère enfonce son chapeau.*)

LE MARQUIS, *bas.*
(*haut.*)

Je crois qu'il a du cœur. Je retiens ma colère :
Mais....

VALÈRE, *mettant la main sur son épée.*

Vous le voulez donc? il faut vous satisfaire.

LE MARQUIS.

Bon! bon! je ris.

VALÈRE.

Vos ris ne sont point de mon goût,

Et vos airs insolents ne plaisent point du tout.
Vous êtes un faquin....

LE MARQUIS.

Cela vous plaît à dire.

VALÈRE.

Un fat, un malheureux.

LE MARQUIS.

Monsieur, vous voulez rire.

VALÈRE, *mettant l'épée à la main.*

Il faut voir sur-le-champ si les vice-baillis
Sont si francs du collier que vous l'avez promis.

LE MARQUIS.

Mais faut-il nous brouiller pour un sot point de gloire?

VALÈRE.

Oh! le vin est tiré, monsieur; il le faut boire.

LE MARQUIS, *criant.*

Ah! ah! je suis blessé!

SCÈNE XII.

LE MARQUIS, VALÈRE, HECTOR.

HECTOR, *accourant.*

Quels desseins emportés....

LE MARQUIS, *mettant l'épée à la main.*

Ah! c'est trop endurer....

ACTE III, SCÈNE XII.

HECTOR, *au Marquis.*
Ah, monsieur! arrêtez!

LE MARQUIS, *à Hector.*
Laissez-moi donc.

HECTOR, *au Marquis.*
Tout beau.

VALÈRE, *à Hector.*
Cesse de le contraindre :
Va, c'est un malheureux qui n'est pas bien à craindre.

HECTOR, *au Marquis.*
Quel sujet....

LE MARQUIS, *fièrement, à Hector.*
Votre maître a certains petits airs....
(*Valère s'approche du Marquis.*)

LE MARQUIS, *effrayé, dit doucement.*
Et prend mal à propos les choses de travers.
On vient civilement pour s'éclaircir d'un doute,
Et monsieur prend la chèvre; il met tout en déroute,
Fait le petit mutin. Oh! cela n'est pas bien.

HECTOR, *au Marquis.*
Mais encor, quel sujet?

LE MARQUIS, *à Hector.*
Quel sujet? moins que rien :
L'amour de la Comtesse auprès de lui m'appelle....

HECTOR, *au Marquis.*
Ah, diable! c'est avoir une vieille querelle.

Quoi ! vous osez, monsieur, d'un cœur ambitieux,
Sur notre patrimoine ainsi jeter les yeux?
Attaquer la Comtesse, et nous le dire encore?

LE MARQUIS, *à Hector.*

Bon! je ne l'aime pas; c'est elle qui m'adore.

VALÈRE, *au Marquis.*

Oh! vous pouvez l'aimer autant qu'il vous plaira;
C'est un bien que jamais on ne vous enviera :
Vous êtes en effet un amant digne d'elle;
Je vous cède les droits que j'ai sur cette belle.

HECTOR.

Oui, les droits sur le cœur; mais sur la bourse, non.

LE MARQUIS, *à part, mettant son épée dans le fourreau.*

Je le savois bien, moi, que j'en aurois raison.
Et voilà comme il faut se tirer d'une affaire.

HECTOR, *au Marquis.*

N'auriez-vous point besoin d'un peu d'eau vulnéraire?

LE MARQUIS, *à Valère.*

Je suis ravi de voir que vous avez du cœur,
Et que le tout se soit passé dans la douceur.
Serviteur. Vous et moi nous en valons deux autres.
Je suis de vos amis.

VALÈRE.

Je ne suis pas des vôtres.

SCÈNE XIII.

VALÈRE, HECTOR.

VALÈRE.
Voilà donc ce Marquis, cet homme dangereux ?
HECTOR.
Oui, monsieur, le voilà.
VALÈRE.
C'est un grand malheureux.
Je crains que mes joueurs ne soient sortis du gîte ;
Ils ont trop attendu : j'y retourne au plus vite.
J'ai dans le cœur, Hector, un bon pressentiment ;
Et je dois aujourd'hui gagner assurément.

HECTOR.
Votre cœur est, monsieur, toujours insatiable :
Ces inspirations viennent souvent du diable ;
Je vous en avertis, c'est un futé matois.

VALÈRE.
Elles m'ont réussi déjà plus d'une fois.

HECTOR.
Tant va la cruche à l'eau....

VALÈRE.
Paix. Tu veux contredire :
A mon âge crois-tu m'apprendre à me conduire ?

HECTOR.

Vous ne me parlez point, monsieur, de votre amour.

VALÈRE.

Non.

SCÈNE XIV.

HECTOR, *seul*.

Il m'en parlera peut-être à son retour.

FIN DU TROISIÈME ACTE.

ACTE QUATRIÈME.

SCÈNE I.
ANGÉLIQUE, NÉRINE.

NÉRINE.

En vain vous m'opposez une indigne tendresse ;
Je n'ai vu de mes jours avoir tant de mollesse :
Je ne puis sur ce point m'accorder avec vous.
Valère n'est point fait pour être votre époux ;
Il ressent pour le jeu des fureurs non pareilles,
Et cet homme perdra quelque jour ses oreilles.

ANGÉLIQUE.

Le temps le guérira de cet aveuglement.

NÉRINE.

Le temps augmente encore un tel attachement.

ANGÉLIQUE.

Ne combats plus, Nérine, une ardeur qui m'enchante ;
Tu prendrois pour l'éteindre une peine impuissante.
Il est des nœuds formés sous des astres malins,

LE JOUEUR.

Qu'on chérit malgré soi. Je cède à mes destins.
La raison, les conseils ne peuvent m'en distraire :
Je vois le bon parti ; mais je prends le contraire.

NÉRINE.

Eh bien ! madame, soit ; contentez votre ardeur,
J'y consens : acceptez pour époux un joueur,
Qui, pour porter au jeu son tribut volontaire,
Vous laissera manquer même du nécessaire ;
Toujours triste ou fougueux, pestant contre le jeu,
Ou d'avoir perdu trop, ou bien gagné trop peu.
Quel charme qu'un époux qui, flattant sa manie,
Fait vingt mauvais marchés tous les jours de sa vie;
Prend pour argent comptant, d'un usurier fripon,
Des singes, des pavés, un chantier, du charbon ;
Qu'on voit à chaque instant prêt à faire querelle
Aux bijoux de sa femme, ou bien à sa vaisselle ;
Qui va, revient, retourne, et s'use à voyager
Chez l'usurier, bien plus qu'à donner à manger ;
Quand, après quelque temps, d'intérêt surchargée,
Il la laisse où d'abord elle fut engagée,
Et prend, pour remplacer ses meubles écartés,
Des diamants du temple, et des plats argentés ;
Tant que, dans sa fureur n'ayant plus rien à vendre,
Empruntant tous les jours, et ne pouvant plus rendre,
Sa femme signe enfin, et voit en moins d'un an
Ses terres en décret, et son lit à l'encan !

ACTE IV, SCÈNE I.

ANGÉLIQUE.

Je ne veux point ici m'affliger par avance :
L'événement souvent confond la prévoyance.
Il quittera le jeu.

NÉRINE.

Quiconque aime, aimera ;
Et quiconque a joué, toujours joue, et jouera.
Certain docteur l'a dit ; ce n'est point menterie.
Et, si vous le voulez, contre vous je parie
Tout ce que je possède, et mes gages d'un an,
Qu'à l'heure que je parle il est dans un brelan.

SCÈNE II.

ANGÉLIQUE, NÉRINE, HECTOR.

NÉRINE.

Nous le saurons d'Hector qu'ici je vois paroître.

ANGÉLIQUE, *à Hector.*

Te voilà bien soufflant. En quels lieux est ton maître ?

HECTOR, *embarrassé.*

En quelque lieu qu'il soit, je réponds de son cœur ;
Il sent toujours pour vous la plus sincère ardeur.

NÉRINE.

Ce n'est point là, maraud, ce que l'on te demande.

HECTOR, *voulant s'échapper.*

Maraud ! Je vois qu'ici je suis de contrebande.

NÉRINE.

Non, demeure un moment.

HECTOR.

Le temps me presse. Adieu.

NÉRINE.

Tout doux. N'est-il pas vrai qu'il est en quelque lieu
Où, courant le hasard....

HECTOR.

Parlez mieux, je vous prie.
Mon maître n'a hanté de tels lieux de sa vie.

ANGÉLIQUE, *à Hector.*

Tiens, voilà dix louis. Ne me mens pas; dis-moi
S'il n'est pas vrai qu'il joue à présent.

HECTOR.

Oh! ma foi,
Il est bien revenu de cette folle rage,
Et n'aura pas de goût pour le jeu davantage.

ANGÉLIQUE.

Avec tes faux soupçons, Nérine, eh bien! tu vois!

HECTOR.

Il s'en donne aujourd'hui pour la dernière fois.

ANGÉLIQUE.

Il joueroit donc?

HECTOR.

Il joue, à dire vrai, madame,
Mais ce n'est proprement que par noblesse d'âme :

On voit qu'il se défait de son argent exprès,
Pour n'être plus touché que de vos seuls attraits.

NÉRINE, à *Angélique.*

Eh bien! ai-je raison?

HECTOR.

Son mauvais sort, vous dis-je,
Mieux que tous vos discours aujourd'hui le corrige.

ANGÉLIQUE.

Quoi!...

HECTOR.

N'admirez-vous pas cette fidélité?
Perdre exprès son argent pour n'être plus tenté!
Il sait que l'homme est foible, il se met en défense.
Pour moi, je suis charmé de ce trait de prudence.

ANGÉLIQUE.

Quoi! ton maître joueroit au mépris d'un serment?

HECTOR.

C'est la dernière fois, madame, absolument.
On le peut voir encor sur le champ de bataille;
Il frappe à droite, à gauche, et d'estoc, et de taille;
Il se défend, madame, encor comme un lion.
Je l'ai vu, dans l'effort de la convulsion,
Maudissant les hasards d'un combat trop funeste:
De sa bourse expirante il ramassoit le reste;
Et, paroissant encor plus grand dans son malheur,
Il vendoit cher son sang et sa vie au vainqueur.

LE JOUEUR.

NÉRINE.

Pourquoi l'as-tu quitté dans cette décadence ?

HECTOR.

Comme un aide-de-camp je viens en diligence
Appeler du secours : il faut faire approcher
Notre corps de réserve; et je m'en vais chercher
Deux cents louis qu'il a laissés dans sa cassette.

NÉRINE.

Eh bien ! madame, eh bien ! êtes-vous satisfaite ?

HECTOR.

Les partis sont aux mains ; à deux pas on se bat,
Et les moments sont chers en ce jour de combat.
Nous allons nous servir de nos armes dernières,
Et des troupes qu'au jeu l'on nomme auxiliaires.

SCÈNE III.

ANGÉLIQUE, NÉRINE.

NÉRINE.

Vous l'entendez, madame ! Après cette action,
Pour Valère armez-vous de belle passion ;
Cédez à votre étoile, épousez-le. J'enrage,
Lorsque j'entends tenir ce discours à votre âge.
Mais Dorante qui vient....

ACTE IV, SCÈNE III.

ANGÉLIQUE.

Ah ! sortons de ces lieux :
Je ne puis me résoudre à paroître à ses yeux.

SCÈNE IV.

DORANTE, ANGÉLIQUE, NÉRINE.

DORANTE, *à Angélique qui sort.*
Eh quoi ! vous me fuyez ? Daignez au moins m'apprendre...

SCÈNE V.

DORANTE, NÉRINE.

DORANTE.
Et toi, Nérine, aussi, tu ne veux pas m'entendre ?
Veux-tu de ta maîtresse imiter la rigueur ?

NÉRINE.
Non, monsieur ; je vous sers toujours avec vigueur.
Laissez-moi faire.

SCÈNE VI.

DORANTE, *seul.*

O ciel ! ce trait me désespère.
Je veux approfondir un si cruel mystère.
(*Il va pour sortir.*)

SCÈNE VII.

LA COMTESSE, DORANTE.

LA COMTESSE.

Où courez-vous, Dorante?

DORANTE, *à part.*

O contre-temps fâcheux!
Cherchons à l'éviter.

LA COMTESSE.

Demeurez en ces lieux,
J'ai deux mots à vous dire; et votre âme contente....
Mais non, retirez-vous; un homme m'épouvante;
L'ombre d'un tête-à-tête, et dedans et dehors,
Me fait, même en été, frissonner tout le corps.

DORANTE, *allant pour sortir.*

J'obéis....

LA COMTESSE.

Revenez. Quelque espoir qui vous guide,
Le respect à l'amour saura servir de bride,
N'est-il pas vrai?

DORANTE.

Madame....

LA COMTESSE.

En ce temps les amants
Près du sexe d'abord sont si gesticulants....

Quoiqu'on soit vertueuse, il faut telle paroître ;
Et cela quelquefois coûte bien plus qu'à l'être.

DORANTE.

Madame....

LA COMTESSE.

En vérité, j'ai le cœur douloureux
Qu'Angélique si mal reconnoisse vos feux ;
Et, si je n'avois pas une vertu sévère
Qui me fait renfermer dans un veuvage austère,
Je pourrois bien.... Mais non, je ne puis vous ouïr ;
Si vous continuez, je vais m'évanouir.

DORANTE.

Madame....

LA COMTESSE.

Vos discours, votre air soumis et tendre
Ne feront que m'aigrir, au lieu de me surprendre.
Bannissons la tendresse, il faut la supprimer.
Je ne puis, en un mot, me résoudre d'aimer.

DORANTE.

Madame, en vérité, je n'en ai nulle envie,
Et veux bien avec vous n'en parler de ma vie.

LA COMTESSE.

Voilà, je vous l'avoue, un fort sot compliment.
Me trouvez-vous, monsieur, femme à manquer d'amant ?
J'ai mille adorateurs qui briguent ma conquête ;
Et leur encens trop fort me fait mal à la tête.

Ah ! vous le prenez là sur un fort joli ton,
En vérité !

LA COMTESSE.

DORANTE.

Madame....

LA COMTESSE.

Et je vous trouve bon !

DORANTE.

Le respect....

LA COMTESSE.

Le respect est là mal en sa place ;
Et l'on ne me dit point pareille chose en face.
Si tous mes soupirants pouvoient me négliger,
Je ne vous prendrois pas pour m'en dédommager.
Du respect ! du respect ! Ah, le plaisant visage !

DORANTE.

J'ai cru que vous pouviez l'inspirer à votre âge.
Mais monsieur le Marquis, qui paroît en ces lieux,
Ne sera pas peut-être aussi respectueux.

SCÈNE VIII.

LA COMTESSE, *seule*.

Je suis au désespoir : je n'ai vu de ma vie
Tant de relâchement dans la galanterie.
Le Marquis vient : il faut m'assurer un parti ;
Et je n'en prétends pas avoir le démenti.

SCÈNE IX.

LE MARQUIS, LA COMTESSE.

LE MARQUIS.

A mon bonheur, enfin, madame, tout conspire :
Vous êtes tout à moi.

LA COMTESSE.

     Que voulez-vous donc dire,
Marquis ?

LE MARQUIS.

   Que mon amour n'a plus de concurrent ;
Que je suis et serai votre seul conquérant ;
Que, si vous ne battez au plus tôt la chamade,
Il faudra vous résoudre à souffrir l'escalade.

LA COMTESSE.

Moi ! que l'on m'escalade ?

LE MARQUIS.

     Entre nous, sans façon,
A Valère de près j'ai serré le bouton :
Il m'a cédé les droits qu'il avoit sur votre âme.

LA COMTESSE.

Eh ! le petit poltron !

LE MARQUIS.

     Oh ! palsambleu, madame,
Il seroit un Achille, un Pompée, un César,

Je vous le conduirois poings liés à mon char.
Il ne faut point avoir de mollesse en sa vie.
Je suis vert.

LA COMTESSE.

Dans le fond j'en ai l'âme ravie.
Vous ne connoissez pas, Marquis, tout votre mal;
Vous avez à combattre encor plus d'un rival.

LE MARQUIS.

Le don de votre cœur couvre un peu trop de gloire,
Pour n'être que le prix d'une seule victoire :
Vous n'avez qu'à nommer....

LA COMTESSE.

Non, non, je ne veux pas
Vous exposer sans cesse à de nouveaux combats.

LE MARQUIS.

Est-ce ce financier de noblesse mineure,
Qui s'est fait depuis peu gentilhomme en une heure;
Qui bâtit un palais sur lequel on a mis
Dans un grand marbre noir, en or, L'hôtel Damis;
Lui qui voyoit jadis imprimé sur sa porte,
Bureau du pied fourché, chair salée et chair morte;
Qui dans mille portraits expose ses aïeux,
Son père, son grand-père, et les place en tous lieux,
En sa maison de ville, en celle de campagne,
Les fait venir tout droit des comtes de Champagne,
Et de ceux de Poitou, d'autant que, pour certain,

ACTE IV, SCÈNE IX.

L'un s'appeloit Champagne, et l'autre Poitevin?

LA COMTESSE.

A vos transports jaloux un autre se dérobe.

LE MARQUIS.

C'est donc ce sénateur, cet Adonis de robe,
Ce docteur en soupers, qui se tait au Palais,
Et sait sur des ragoûts prononcer des arrêts;
Qui juge sans appel, sur un vin de Champagne,
S'il est de Reims, du Clos, ou bien de la Montagne,
Qui, de livres de droit toujours débarrassé,
Porte cuisine en poche, et poivre concassé?

LA COMTESSE.

Non, Marquis, c'est Dorante; et j'ai su m'en défaire.

LE MARQUIS.

Quoi! Dorante! cet homme à maintien débonnaire,
Ce croquant, qu'à l'instant je viens de voir sortir?

LE COMTESSE.

C'est lui-même.

LE MARQUIS.

Eh! parbleu, vous deviez m'avertir,
Nous nous serions parlé sans sortir de la salle.
Je ne suis pas méchant; mais, sans bruit, sans scandale,
Sans lui donner le temps seulement de crier,
Pour lui votre fenêtre eût servi d'escalier.

LA COMTESSE.

Vous êtes turbulent. Si vous étiez plus sage,

On pourroit....
LE MARQUIS.
La sagesse est tout mon apanage.
LA COMTESSE.
Quoiqu'un engagement m'ait toujours fait horreur,
On auroit avec vous quelque affaire de cœur.
LE MARQUIS.
Ah! parbleu, volontiers : vous me chatouillez l'âme.
Par affaire de cœur, qu'entendez-vous, madame?
LA COMTESSE.
Ce que vous entendez vous-même; et je prétends
Qu'un hymen bien scellé....
LE MARQUIS.
C'est comme je l'entends.
Et ce n'est qu'en époux que je prétends vous plaire.
LA COMTESSE.
Je ne donne mon cœur que par-devant notaire.
Je veux un bon contrat sur de bon parchemin,
Et non pas un hymen qu'on rompt le lendemain.
LE MARQUIS.
Vous aimez chastement; je vous en félicite,
Et je me donne à vous avec tout mon mérite,
Quoique cent fois le jour on me mette à la main
Des partis à fixer un empereur romain.
LA COMTESSE.
Je crois que nos deux cœurs seront toujours fidèles.

ACTE IV, SCÈNE IX.

LE MARQUIS.

Oh! parbleu, nous vivrons comme deux tourterelles.
Pour vous porter, madame, un cœur tout dégagé,
Je vais dans ce moment signifier congé
A des beautés sans nombre à qui mon cœur renonce,
Et vous aurez dans peu ma dernière réponse.

LA COMTESSE.

Adieu. Fasse le ciel, Marquis, que dans ce jour
Un hymen soit le sceau d'un si parfait amour!

SCÈNE X.

LE MARQUIS, *seul*.

Eh bien! Marquis, tu vois, tout rit à ton mérite;
Le rang, le cœur, le bien, tout pour toi sollicite :
Tu dois être content de toi par tout pays :
On le seroit à moins. Allons, saute, Marquis.
Quel bonheur est le tien! Le ciel à ta naissance
Répandit sur tes jours sa plus douce influence;
Tu fus, je crois, pétri par les mains de l'Amour :
N'es-tu pas fait à peindre? est-il homme à la cour
Qui de la tête aux pieds porte meilleure mine,
Une jambe mieux faite, une taille plus fine?
Et pour l'esprit, parbleu, tu l'as des plus exquis :
Que te manque-t-il donc? Allons, saute, Marquis.
La nature, le ciel, l'amour, et la fortune,

De tes prospérités font leur cause commune ;
Tu soutiens ta valeur avec mille hauts faits ;
Tu chantes, danses, ris, mieux qu'on ne fit jamais ;
Les yeux à fleur de tête, et les dents assez belles,
Jamais en ton chemin trouvas-tu de cruelles ?
Près du sexe tu vins, tu vis, et tu vainquis :
Que ton sort est heureux ! Allons, saute, Marquis.

SCÈNE XI.

LE MARQUIS, HECTOR.

HECTOR.

Attendez un moment. Quelle ardeur vous transporte !
Eh quoi ! monsieur, tout seul vous sautez de la sorte !

LE MARQUIS.

C'est un pas de ballet que je veux repasser.

HECTOR.

Mon maître, qui me suit, vous le fera danser,
Monsieur, si vous voulez.

LE MARQUIS.

Que dis-tu là ? ton maître !

HECTOR.

Oui, monsieur, à l'instant vous l'allez voir paroître.

LE MARQUIS.

En ces lieux je ne puis plus long-temps m'arrêter :
Pour cause nous devons tous deux nous éviter :

Quand ma verve me prend, je ne suis plus traitable;
Il est brutal, je suis emporté comme un diable;
Il manque de respect pour les vice-baillis,
Et nous aurions du bruit. Allons, saute, Marquis.

SCÈNE XII.

HECTOR, *seul*.

Allons, saute, Marquis. Un tour de cette sorte
Est volé d'un Gascon, ou le diable m'emporte.
Il vient de la Garonne. Oh! parbleu, dans ce temps
Je n'aurois jamais cru les marquis si prudents.
Je ris; et cependant mon maître à l'agonie
Cède en un lansquenet à son mauvais génie.

SCÈNE XIII.

VALÈRE, HECTOR.

HECTOR.

Le voici. Ses malheurs sur son front sont écrits:
Il a tout le visage et l'air d'un premier pris.

VALÈRE.

Non, l'enfer en courroux, et toutes ses furies
N'ont jamais exercé de telles barbaries.
Je te loue, ô destin, de tes coups redoublés;
Je n'ai plus rien à perdre, et tes vœux sont comblés.

Pour assouvir encor la fureur qui t'anime
Tu ne peux rien sur moi ; cherche une autre victime.

HECTOR, *à part.*

Il est sec.

VALÈRE.

De serpents mon cœur est dévoré ;
Tout semble en un moment contre moi conjuré.
(*Il prend Hector à la cravate.*)
Parle. As-tu jamais vu le sort et son caprice
Accabler un mortel avec plus d'injustice,
Le mieux assassiner ? Perdre tous les paris,
Vingt fois le coupe-gorge, et toujours premier pris !
Réponds-moi donc, bourreau.

HECTOR.

Mais ce n'est pas ma faute.

VALÈRE.

As-tu vu de tes jours trahison aussi haute ?
Sort cruel, ta malice a bien su triompher ;
Et tu ne me flattois que pour mieux m'étouffer.
Dans l'état où je suis je puis tout entreprendre ;
Confus, désespéré, je suis prêt à me pendre.

HECTOR.

Heureusement pour vous vous n'avez pas un sou
Dont vous puissiez, monsieur, acheter un licou.
Voudriez-vous souper ?

ACTE IV, SCÈNE XIII.

VALÈRE.

Que la foudre t'écrase !
Ah, charmante Angélique ! en l'ardeur qui m'embrase,
A vos seules bontés je veux avoir recours :
Je n'aimerai que vous ; m'aimerez-vous toujours ?
Mon cœur, dans les transports de sa fureur extrême,
N'est point si malheureux, puisqu'enfin il vous aime.

HECTOR, *à part.*

Notre bourse est à fond ; et, par un sort nouveau,
Notre amour recommence à revenir sur l'eau.

VALÈRE.

Calmons le désespoir où la fureur me livre.
Approche ce fauteuil.
(*Hector approche un fauteuil. Valère assis.*)
Va me chercher un livre.

HECTOR.

Quel livre voulez-vous lire en votre chagrin ?

VALÈRE.

Celui qui te viendra le premier sous la main ;
Il m'importe peu : prends dans ma bibliothéque.

HECTOR *sort, et rentre tenant un livre.*
Voilà Sénèque.

VALÈRE.

Lis.

HECTOR.
Que je lise Sénèque?

VALÈRE.
Oui. Ne sais-tu pas lire?

HECTOR.
Hé! vous n'y pensez pas;
Je n'ai lu de mes jours que dans des almanachs.

VALÈRE.
Ouvre, et lis au hasard.

HECTOR.
Je vais le mettre en pièces.

VALÈRE.
Lis donc.

HECTOR *lit*.
« CHAPITRE SIX. Du mépris des richesses.
« La fortune offre aux yeux des brillants mensonges
« Tous les biens d'ici-bas sont faux et passagers :
« Leur possession trouble, et leur perte est légère:
« Le sage gagne assez, quand il peut s'en défaire.
Lorsque Sénèque fit ce chapitre éloquent,
Il avoit, comme vous, perdu tout son argent.

VALÈRE, *se levant*.
Vingt fois le premier pris! Dans mon cœur il s'élève
(*Il s'assied.*)
Des mouvements de rage. Allons, poursuis, achève.

ACTE IV, SCÈNE XIII.

HECTOR.

« L'or est comme une femme ; on n'y sauroit toucher
« Que le cœur, par amour, ne s'y laisse attacher.
« L'un et l'autre en ce temps, sitôt qu'on les manie,
« Sont deux grands remoras pour la philosophie. »
N'ayant plus de maîtresse, et n'ayant pas un sou,
Nous philosopherons maintenant tout le soûl.

VALÈRE.

De mon sort désormais vous serez seule arbitre,
Adorable Angélique.... Achève ton chapitre.

HECTOR.

« Que faut-il....

VALÈRE.

Je bénis le sort et ses revers,
Puisqu'un heureux malheur me rengage en vos fers.
Finis donc.

HECTOR.

« Que faut-il à la nature humaine ?
« Moins on a de richesse, et moins on a de peine.
« C'est posséder les biens que savoir s'en passer. »
Que ce mot est bien dit ! et que c'est bien penser !
Ce Sénèque, monsieur, est un excellent homme.
Étoit-il de Paris ?

VALÈRE.

Non, il étoit de Rome.
Dix fois à carte triple être pris le premier !

HECTOR.
Ah, monsieur ! nous mourrons un jour sur un fumier.
VALÈRE.
Il faut que de mes maux enfin je me délivre :
J'ai cent moyens tout prêts pour m'empêcher de vivre,
La rivière, le feu, le poison et le fer.
HECTOR.
Si vous vouliez, monsieur, chanter un petit air ;
Votre maître à chanter est ici : la musique
Peut-être calmeroit cette humeur frénétique.
VALÈRE.
Que je chante !
HECTOR.
Monsieur....
VALÈRE.
Que je chante, bourreau !
Je veux me poignarder : la vie est un fardeau
Qui pour moi désormais devient insupportable.
HECTOR.
Vous la trouviez pourtant tantôt bien agréable :
Qu'un joueur est heureux ! sa poche est un trésor ;
Sous ses heureuses mains le cuivre devient or,
Disiez-vous.
VALÈRE.
Ah ! je sens redoubler ma colère.

SCÈNE XIV.

GÉRONTE, VALÈRE, HECTOR.

HECTOR.
Monsieur, contraignez-vous ; j'aperçois votre père.
GÉRONTE.
Pour quel sujet, mon fils, criez-vous donc si fort ?
(*à Hector.*)
Est-ce toi, malheureux, qui causes ce transport ?
VALÈRE.
Non pas, monsieur.
HECTOR, *à Géronte.*
Ce sont des vapeurs de morale
Qui nous vont à la tête, et que Sénèque exhale.
GÉRONTE.
Qu'est-ce à dire Sénèque ?
HECTOR.
Oui, monsieur, maintenant
Que nous ne jouons plus, notre unique ascendant
C'est la philosophie, et voilà notre livre ;
C'est Sénèque.
GÉRONTE.
Tant mieux. Il apprend à bien vivre ;
Son livre est admirable et plein d'instructions,
Et rend l'homme brutal maître des passions.

HECTOR.

Ah ! si vous aviez lu son traité des richesses,
Et le mépris qu'on doit faire de ses maîtresses ;
Comme la femme ici n'est qu'un vrai remora,
Et que, lorsqu'on y touche.... on en demeure là....
Qu'on gagne quand on perd... que l'amour dans nos âmes
Ah ! que ce livre-là connoissoit bien les femmes !

GÉRONTE.

Hector en peu de temps est devenu docteur.

HECTOR.

Oui, monsieur, je saurai tout Sénèque par cœur.

GÉRONTE, *à Valère*.

Je vous cherche en ces lieux avec impatience,
Pour vous dire, mon fils, que votre hymen s'avance.
Je quitte le notaire, et j'ai vu les parents,
Qui d'une et d'autre part me paroissent contents.
Vous avez vu, je crois, Angélique ? et j'espère
Que son consentement....

VALÈRE.

Non, pas encor, mon père.
Certaine affaire m'a....

GÉRONTE.

Vraiment, pour un amant,
Vous faites voir, mon fils, bien peu d'empressement.
Courez-y : dites-lui que ma joie est extrême ;
Que, charmé de ce nœud, dans peu j'irai moi-même

Lui faire compliment et l'embrasser....

HECTOR, *à Géronte.*

Tout doux :
Monsieur fera cela tout aussi bien que vous.

VALÈRE, *à Géronte.*

Pénétré des bontés de celui qui m'envoie,
Je vais de cet emploi m'acquitter avec joie.

SCÈNE XV.

GÉRONTE, HECTOR.

HECTOR.

Il vous plaira toujours d'être mémoratif
D'un papier que tantôt, d'un air rébarbatif,
Et même avec scandale....

GÉRONTE.

Oui-dà : laisse-moi faire ;
Le mariage fait, nous verrons cette affaire.

HECTOR.

J'irai donc, sur ce pied, vous visiter demain.

SCÈNE XVI.

GÉRONTE, *seul.*

Grâces au ciel, mon fils est dans le bon chemin :

Par mes soins paternels il surmonte la pente
Où l'entraînoit du jeu la passion ardente.
Ah! qu'un père est heureux qui voit en un moment
Un cher fils revenir de son égarement!

FIN DU QUATRIÈME ACTE.

ACTE CINQUIÈME.

SCÈNE I.

DORANTE, ANGÉLIQUE, NÉRINE.

DORANTE.

Hé! madame, cessez d'éviter ma présence.
Je ne viens point, armé contre votre inconstance,
Faire éclater ici mes sentiments jaloux,
Ni par des mots piquants exhaler mon courroux :
Plus que vous ne pensez mon cœur vous justifie.
Votre légèreté veut que je vous oublie ;
Mais, loin de condamner votre cœur inconstant,
Je suis assez vengé si j'en puis faire autant.

ANGÉLIQUE.

Que votre emportement en reproches éclate :
Je mérite les noms de volage, d'ingrate ;
Mais enfin de l'amour l'impérieuse loi
A l'hymen que je crains m'entraîne malgré moi :
J'en prévois les dangers; mais un sort tyrannique....

DORANTE.

Votre cœur est hardi, généreux, héroïque;
Vous voyez devant vous un abîme s'ouvrir,
Et vous ne laissez pas, madame, d'y courir.

NÉRINE.

Quand j'en devrois mourir, je ne puis plus me taire.
Je vous empêcherai de terminer l'affaire;
Ou, si dans cet amour votre cœur engagé
Persiste en ses desseins, donnez-moi mon congé.
Je suis fille d'honneur; je ne veux point qu'on dise
Que vous ayez sous moi fait pareille sottise.
Valère est un indigne; et, malgré son serment,
Vous voyez tous les jours qu'il joue impunément.

ANGÉLIQUE.

En faveur de mon foible il faut lui faire grâce:
De la fureur du jeu veux-tu qu'il se défasse,
Hélas! quand je ne puis me défaire aujourd'hui
Du lâche attachement que mon cœur a pour lui?

DORANTE.

Ces feux sont trop charmants pour vouloir les éteindre.
Je ne suis point, madame, ici pour vous contraindre.
Mon neveu vous épouse; et je viens seulement
Donner à votre hymen un plein consentement.

SCÈNE II.

M.me LA RESSOURCE, ANGÉLIQUE,
DORANTE, NÉRINE.

NÉRINE.

Madame la Ressource ici! Qu'y viens-tu faire?

M.me LA RESSOURCE.

Je cherche un cavalier pour finir une affaire....
On tâche, autant qu'on peut, dans son petit trafic,
A gagner ses dépens en servant le public.

ANGÉLIQUE.

Cette Nérine-là connoît toute la France.

NÉRINE.

Pour vivre, il faut avoir plus d'une connoissance.
C'est une illustre, au moins, et qui sait en secret
Couler adroitement un amoureux poulet,
Habile en tous métiers, intrigante parfaite,
Qui prête, vend, revend, brocante, troque, achète,
Met à perfection un hymen ébauché,
Vend son argent bien cher, marie à bon marché.

M.me LA RESSOURCE.

Votre bonté pour moi toujours se renouvelle;
Vous avez si bon cœur....

NÉRINE.

Il fait bon avec elle,

Je vous en avertis ; en bijoux et brillants
En poche elle a toujours plus de vingt mille francs.
   DORANTE, *à madame la Ressource.*
Mais ne craignez-vous point qu'un soir, dans le silence.
     NÉRINE.
Bon, bon! tous les filous sont de sa connoissance.
    Mme LA RESSOURCE.
Nérine rit toujours.
   NÉRINE, *à madame la Ressource.*
    Montrez-nous votre écrin.
    Mme LA RESSOURCE.
Volontiers. J'ai toujours quelque hasard en main.
Regardez ce brillant ; je vais en faire affaire
Avec et par-devant un conseiller-notaire.
Pour certaine chanteuse on dit qu'il en tient là.
     NÉRINE.
Le drôle veut passer quelque acte à l'Opéra.

SCÈNE III.

LA COMTESSE, ANGÉLIQUE, DORANTE,
NÉRINE, Mme LA RESSOURCE.

     NÉRINE.
Mais voici la Comtesse.
    Mme LA RESSOURCE.
    On m'attend ; je vous quitte.

ACTE V, SCÈNE III.

NÉRINE.
Non, non; sur vos bijoux j'ai des droits de visite.

LA COMTESSE, *à Angélique.*
Votre choix est-il fait? peut-on enfin savoir
A qui vous prétendez vous marier ce soir?

ANGÉLIQUE.
Oui, ma sœur, il est fait; et ce choix doit vous plaire,
Puisqu'avant moi pour vous vous avez su le faire.

LA COMTESSE.
Apparemment monsieur est ce mortel heureux,
Ce fidèle aspirant dont vous comblez les vœux?

DORANTE.
A ce bonheur charmant je n'ose pas prétendre.
Si madame eût gardé son cœur pour le plus tendre,
Plus que tout autre amant j'aurois pu l'espérer.

LA COMTESSE.
La perte n'est pas grande, et se peut réparer.

SCÈNE IV.

LE MARQUIS, LA COMTESSE, ANGÉLIQUE, DORANTE, M.me LA RESSOURCE, NÉRINE.

LE MARQUIS, *à la Comtesse.*
Charmé de vos beautés, je viens enfin, madame,
Ici mettre à vos pieds et mon corps et mon âme.

Vous serez, par ma foi, marquise cette fois ;
Et j'ai sur vous enfin laissé tomber mon choix.

Mme LA RESSOURCE, *à part.*

Cet homme m'est connu.

LA COMTESSE.

Monsieur, je suis ravie
De m'unir avec vous le reste de ma vie.
Vous êtes gentilhomme, et cela me suffit.

LE MARQUIS.

Je le suis du déluge.

Mme LA RESSOURCE, *à part.*

Oui, c'est lui qui le dit.

LE MARQUIS.

En faisant avec moi cette heureuse alliance,
Vous pourrez vous vanter que gentilhomme en France
Ne tirera de vous, si vous me l'ordonnez,
Des enfants de tout point mieux conditionnés.

(*apercevant madame la Resso*

Vous verrez si je mens. Ah! vous voilà, madame.
(*à la Comtesse.*)
Et que faites-vous donc ici de cette femme ?

NÉRINE, *au Marquis.*

Vous la connoissez ?

LE MARQUIS.

Moi? je ne sais ce que c'est.

ACTE V, SCÈNE IV.

Mme LA RESSOURCE, *au Marquis.*

Ah! je vous connois trop, moi, pour mon intérêt.
Quand vous résoudrez-vous, monsieur le gentilhomme
Fait du temps du déluge, à me payer ma somme,
Mes quatre cents écus prêtés depuis cinq ans?

LE MARQUIS.

Pour me les demander vous prenez bien le temps!

Mme LA RESSOURCE.

Je veux aux yeux de tous vous en faire avanie,
A toute heure, en tous lieux.

LE MARQUIS.

Hé! vous rêvez, ma mie.

Mme LA RESSOURCE.

Voici le grand merci d'obliger des ingrats.
Après l'avoir tiré d'un aussi vilain pas.....
Baste....

LA COMTESSE, *à madame la Ressource.*

Parlez, parlez.

Mme LA RESSOURCE.

Non, non, il est trop rude
D'aller de ses parents montrer la turpitude.

LA COMTESSE.

Comment donc?

LE MARQUIS, *à part.*

Ah, je grille!

Mme LA RESSOURCE.

Au Châtelet, sans moi,
On le verroit encor vivre aux dépens du roi.

NÉRINE.

Quoi! monsieur le Marquis....

Mme LA RESSOURCE.

Lui marquis! c'est l'Épine
Je suis marquise donc, moi, qui suis sa cousine?
Son père étoit huissier à verge dans le Mans.

LE MARQUIS.
(à part.)

Vous en avez menti. Maugrebleu des parents!

Mme LA RESSOURCE.

Mon oncle n'étoit pas huissier? qu'il t'en souvienne.

LE MARQUIS.

Son nom étoit connu dans le haut et bas Maine.

NÉRINE.

Votre père étoit donc un marquis exploitant?

ANGÉLIQUE.

Vous aviez là, ma sœur, un fort illustre amant.

Mme LA RESSOURCE.

C'est moi qui l'ai nourri quatre mois, sans reproche,
Quand il vint à Paris en guêtres, par le coche.

LE MARQUIS.

D'accord, puisqu'on le sait, mon père étoit huissier,
Mais huissier à cheval; c'est comme chevalier.

ACTE V, SCÈNE IV.

Cela n'empêche pas que dans ce jour, madame,
Nous ne mettions à fin une si belle flamme :
Jamais ce feu pour vous ne fut si violent ;
Et jamais tant d'appas....

LA COMTESSE.

Taisez-vous, insolent.

LE MARQUIS.

Insolent ! moi, qui dois honorer votre couche,
Et par qui vous devez quelque jour faire souche !

LA COMTESSE.

Sors d'ici, malheureux ; porte ailleurs ton amour.

LE MARQUIS.

Oui ! l'on agit de même avec les gens de cour !
On reconnoît si mal le rang et le mérite !
J'en suis, parbleu, ravi. Pour le coup je vous quitte.
J'ai pour briller ailleurs mille talents acquis ;
Je vais m'en consoler. Allons, saute Marquis.

(*Il sort.*)

SCÈNE V.

LA COMTESSE, ANGÉLIQUE, DORANTE,
NÉRINE, Mme LA RESSOURCE.

LA COMTESSE.

Je n'y puis plus tenir, ma sœur, et je vous laisse.
Avec qui vous voudrez, finissez de tendresse ;

Coupez, taillez, rognez, je m'en lave les mains.
Désormais, pour toujours, je renonce aux humains.

SCÈNE VI.

DORANTE, ANGÉLIQUE, NÉRINE, Mme LA RESSOURCE.

DORANTE.

Ils prennent leur parti.

Mme LA RESSOURCE.

La rencontre est plaisante!
Je l'ai démarquisé bien loin de son attente :
J'en voudrois faire autant à tous les faux marquis.

NÉRINE.

Vous auriez, par ma foi, bien à faire à Paris :
Il est tant de traitants qu'on voit, depuis la guerre,
En modernes seigneurs sortir de dessous terre,
Qu'on ne s'étonne plus qu'un laquais, un pied-plat,
De sa vieille mandille achète un marquisat.

ANGÉLIQUE, *à madame la Ressource.*

Vous avez découvert ici bien du mystère.

Mme LA RESSOURCE.

De quoi s'avise-t-il de me rompre en visière ?
Mais, aux grands mouvements qu'en ce lieu je puis voir,
Madame se marie.

ACTE V, SCÈNE VI.

NÉRINE.

Oui vraiment, dès ce soir.

Mme LA RESSOURCE, *fouillant dans sa poche.*

J'en ai bien de la joie. Il faut que je lui montre
Deux pendants de brillants que j'ai là de rencontre ;
J'en ferai bon marché. Je crois que les voilà ;
Ils sont des plus parfaits. Non, ce n'est pas cela :
C'est un portrait de prix ; mais il n'est pas à vendre.

NÉRINE.

Faites-le voir.

Mme LA RESSOURCE.

Non, non : on doit me le reprendre.

NÉRINE, *le lui arrachant.*

Oh ! je suis curieuse ; il faut me montrer tout.
Que les brillants sont gros ! ils sont fort de mon goût.
Mais que vois-je, grands dieux ! Quelle surprise extrême
Aurois-je la berlue ? Hé ! ma foi, c'est lui-même.
Ah !...

(*Elle fait un grand cri.*)

ANGÉLIQUE.

Qu'as-tu donc, Nérine ? et te trouves-tu mal ?

NÉRINE.

Votre portrait, madame, en propre original.

ANGÉLIQUE.

Mon portrait ! es-tu folle ?

LE JOUEUR.

NÉRINE, *pleurant*.

Ah! ma pauvre maîtresse,
Faut-il vous voir ainsi durement mise en presse?

Mme LA RESSOURCE.

Que veut dire ceci?

ANGÉLIQUE, *à Nérine*.

Tu te trompes. Vois mieux.

NÉRINE.

Regardez donc vous-même, et voyez par vos yeux.

ANGÉLIQUE.

Tu ne te trompes point, Nérine; c'est lui-même;
C'est mon portrait, hélas! qu'en mon ardeur extrême
Je viens de lui donner pour prix de ses amours,
Et qu'il m'avoit juré de conserver toujours.

Mme LA RESSOURCE.

Votre portrait! il est à moi, sans vous déplaire;
Et j'ai prêté dessus mille écus à Valère.

ANGÉLIQUE.

Juste ciel!

NÉRINE.

Le fripon!

DORANTE, *prenant le portrait*.

Je veux aussi le voir.

Mme LA RESSOURCE.

Ce portrait m'appartient, et je prétends l'avoir.

DORANTE, *à madame la Ressource.*
Laissez-moi le garder un moment, je vous prie :
C'est la seule faveur qu'on m'ait faite en ma vie.
ANGÉLIQUE.
C'en est fait, pour jamais je le veux oublier.
NÉRINE, *à Angélique.*
S'il met votre portrait ainsi chez l'usurier
Étant encore amant, il vous vendra, madame,
A beaux deniers comptants quand vous serez sa femme.
(*à madame la Ressource.*)
Mais le voici qui vient. A trois ou quatre pas,
De grâce, éloignez-vous, et ne vous montrez pas.
Mme LA RESSOURCE.
Mais pourquoi....
DORANTE.
Du portrait ne soyez plus en peine
Mme LA RESSOURCE, *se retirant au fond de la scène.*
Lorsque je le verrai, j'en serai plus certaine.

SCÈNE VII.

VALÈRE, ANGÉLIQUE, DORANTE, HECTOR, NÉRINE; Mme LA RESSOURCE, *au fond du théâtre.*

VALÈRE.
Quel bonheur est le mien ! Enfin voici le jour,

Madame, où je dois voir triompher mon amour.
Mon cœur tout pénétré.... Mais, ciel! quelle tristesse,
Nérine, a pu saisir ta charmante maîtresse?
Est-ce ainsi que tantôt....

NÉRINE.

Bon! ne savez-vous pas?
Les filles sont, monsieur, tantôt haut, tantôt bas.

VALÈRE.

Eh quoi! changer si tôt!

ANGÉLIQUE.

Ne craignez point, Valère,
Les funestes retours de mon humeur légère;
Le portrait dont ma main vous a fait possesseur
Vous est un sûr garant que vous avez mon cœur.

VALÈRE.

Que ce tendre discours me charme et me rassure!

NÉRINE, *à part*.

Tu ne seras heureux, par ma foi, qu'en peinture.

ANGÉLIQUE.

Quiconque a mon portrait, sans crainte de rival,
Doit avec la copie avoir l'original.

VALÈRE.

Madame, en ce moment que mon âme est contente!

ANGÉLIQUE.

Ne consentez-vous pas à ce parti, Dorante?

ACTE V, SCÈNE VII.

DORANTE.

Je veux ce qui vous plaît; vos ordres sont pour moi
Les décrets respectés d'une suprême loi :
Votre bouche, madame, a prononcé sans feindre;
Et mon cœur subira votre arrêt sans se plaindre.

HECTOR, *bas, à Valère.*

De l'arrêt tout du long il va payer les frais.

ANGÉLIQUE.

Valère, vous voyez pour vous ce que je fais.

VALÈRE.

Jamais tant de bontés....

ANGÉLIQUE.

Montrez donc, sans attendre,
Le portrait que de moi vous avez voulu prendre;
Et que votre rival sache à quoi s'en tenir.

VALÈRE, *fouillant dans sa poche.*

Soit.... Mais permettez-moi de vous désobéir :
C'est mon oncle; en voyant de votre amour ce gage,
Il joueroit à vos yeux un mauvais personnage.
Vous savez bien qui l'a.

ANGÉLIQUE.

Vous pouvez le montrer :
Il verra mon portrait sans se désespérer.

DORANTE.

Madame au plus heureux accordant la victoire,
Le triomphe est trop beau pour n'en pas faire gloire.

VALÈRE, *fouillant toujours dans sa poche.*
Puisque vous le voulez, il faut vous le chercher;
Mais je n'aurai du moins rien à me reprocher :
Vous voulez un témoin, il faut vous satisfaire.

HECTOR, *apercevant madame la Ressource.*
Ah! nous sommes perdus! j'aperçois l'usurière.

VALÈRE.
(*à Hector.*)
C'est votre faute, si.... Qu'as-tu fait du portrait?

HECTOR.
Du portrait?

VALÈRE.
Oui, maraud; parle; qu'en as-tu fait?

HECTOR, *tendant la main par derrière, dit bas à madame la Ressource :*
Madame la Ressource, un moment, sans paroître,
Prêtez-nous notre gage.

VALÈRE.
Ah, chien! ah, double traître!
Tu l'as perdu.

HECTOR.
Monsieur....

VALÈRE, *mettant l'épée à la main.*
Il faut que ton trépas....

HECTOR, *à genoux.*
Ah! monsieur, arrêtez, et ne me tuez pas :

ACTE V, SCÈNE VII.

Voyant dans ce portrait madame si jolie,
Je l'ai mis chez un peintre; il m'en fait la copie.

VALÈRE.

Tu l'as mis chez un peintre?

HECTOR.

Oui, monsieur.

VALÈRE.

Ah, maraud!
Va, cours me le chercher, et reviens au plus tôt.

DORANTE, *montrant le portrait.*

Épargnez-lui ces pas : il n'est plus temps de feindre.
Le voici.

HECTOR, *à part.*

Nous voilà bien achevés de peindre!
Ah, carogne!

VALÈRE, *à Angélique.*

Le peintre....

ANGÉLIQUE, *à Valère.*

Avec de vains détours,
Ingrat, ne croyez pas qu'on m'abuse toujours.

VALÈRE.

Madame, en vérité, de telles épithètes
Ne me vont point du tout.

ANGÉLIQUE.

Perfide que vous êtes!
Ce portrait, que tantôt je vous avois donné

Pour le gage d'un cœur le plus passionné,
Malgré tous vos serments, parjure, à la même heure,
Vous l'avez mis en gage !

VALÈRE.

Ah ! qu'à vos yeux je meure....

ANGÉLIQUE.

Ah ! cessez de vouloir plus long-temps m'outrager,
Cœur lâche.

HECTOR, *bas, à Valère.*

Nous devions tantôt le dégager ;
Et contre mon avis vous avez fait la chose.

Mme LA RESSOURCE.

De tous vos débats, moi, je ne suis point la cause ;
Et je prétends avoir mon portrait, s'il vous plaît.

DORANTE.

Laissez-le-moi garder ; j'en paierai l'intérêt
Si fort qu'il vous plaira.

SCÈNE VIII.

GÉRONTE, ANGÉLIQUE, VALÈRE, DORANTE, NÉRINE, Mme LA RESSOURCE, HECTOR.

GÉRONTE, *à Angélique.*

Que mon âme est ravie

ACTE V, SCÈNE VIII.

De voir qu'avec mon fils un tendre hymen vous lie !
J'attends depuis long-temps ce fortuné moment.

NÉRINE.

Son cœur ressent, je crois, le même empressement.

GÉRONTE.

De vous trouver ici je suis ravi, mon frère.
Vous prenez, croyez-moi, comme il faut cette affaire
Et l'hymen de madame, à vous en parler net,
N'étoit, en vérité, point du tout votre fait.

DORANTE.

Il est vrai.

GÉRONTE, *à Angélique*.

Le notaire en ce lieu va se rendre ;
Avec lui nous prendrons le parti qu'il faut prendre.

NÉRINE.

Oh ! par ma foi, monsieur, vous ne prendrez qu'un ra
Et le notaire peut remporter son contrat.

GÉRONTE.

Comment donc ?

ANGÉLIQUE.

Autrefois mon cœur eut la foiblesse
De rendre à votre fils tendresse pour tendresse ;
Mais la fureur du jeu dont il est possédé,
Pour mon portrait enfin son lâche procédé,
Me font ouvrir les yeux ; et, contre mon attente,

En ce moment, monsieur, je me donne à Dorante.
(*à Dorante.*)
Acceptez-vous ma main?

DORANTE.

Ah! je suis trop heureux
Que vous vouliez encor....

GÉRONTE, *à Hector.*

Parle, toi, si tu veux;
Explique ce mystère.

HECTOR.

Oh! par ma foi, je n'ose;
Ce récit est trop triste en vers ainsi qu'en prose.

GÉRONTE.

Parle donc.

HECTOR.

Pour avoir mis, sans réflexion,
Le portrait de madame une heure en pension
(*montrant madame la Ressource.*)
Chez cette chienne-là, que Lucifer confonde,
On nous donne un congé le plus cruel du monde.

GÉRONTE.

Sans vouloir davantage ici l'interroger,
Sa folle passion m'en fait assez juger.
J'ai peine à retenir le courroux qui m'agite.
Fils indigne de moi, va, je te déshérite;

ACTE V, SCÈNE VIII.

Je ne veux plus te voir, après cette action,
Et te donne cent fois ma malédiction.

(*Il sort.*)

SCÈNE IX.

ANGÉLIQUE, VALÈRE, DORANTE, NÉRINE, Mme LA RESSOURCE, HECTOR.

HECTOR.

Le beau présent de noce!

ANGÉLIQUE, *à Valère, donnant la main à Dorante.*

A jamais je vous laisse.
Si vous êtes heureux au jeu comme en maîtresse,
Et si vous conservez aussi mal ses présents,
Vous ne ferez, je crois, fortune de long-temps.

Mme LA RESSOURCE, *à Dorante.*

Et mon portrait, monsieur, vous plaît-il me le rendre?

DORANTE.

Vous n'aurez rien perdu dans ces lieux pour attendre;
Ni toi, Nérine, aussi. Suivez-moi toutes deux.
(*à Valère.*)
Quelque autre fois, monsieur, vous serez plus heureux.

(*Il sort.*)

SCÈNE X.

Mme LA RESSOURCE, VALÈRE, NÉRINE, HECTOR.

Mme LA RESSOURCE, *faisant la révérence à Valère.*
En toute occasion soyez sûr de mon zèle.
(*Elle sort.*)

HECTOR, *à madame la Ressource.*
Adieu, tison d'enfer, fesse-mathieu femelle.

SCÈNE XI.

NÉRINE, VALÈRE, HECTOR.

NÉRINE, *à Valère.*
Grâce au ciel, ma maîtresse a tiré son enjeu :
Vous épouser, monsieur, c'étoit jouer gros jeu.
(*Elle sort en lui faisant la révérence.*)

SCÈNE XII.

VALÈRE, HECTOR.

(*Hector fait la révérence à son maître, et va pour sortir.*)

VALÈRE.
Où vas-tu donc ?

ACTE V, SCÈNE XII.

HECTOR.
Je vais à la bibliothéque
Prendre un livre, et vous lire un traité de Sénèque.
VALÈRE.
Va, va, consolons-nous, Hector; et quelque jour
Le jeu m'acquittera des pertes de l'amour.

FIN DU JOUEUR.

LES FOLIES

AMOUREUSES,

COMÉDIE

EN TROIS ACTES, ET EN VERS.

PERSONNAGES.

ALBERT, jaloux, et tuteur d'Agathe.
ÉRASTE, amant d'Agathe.
AGATHE, amante d'Éraste.
LISETTE, servante de M. Albert.
CRISPIN, valet d'Éraste.

La scène est dans une avenue, devant le château d'Albert.

LES FOLIES AMOUREUSES,

COMÉDIE.

ACTE PREMIER.

SCÈNE I.

AGATHE, LISETTE.

LISETTE.

Lorsqu'en un plein repos chacun encor sommeille,
Quel démon, s'il vous plaît, vous tire par l'oreille,
Et vous fait hasarder de sortir si matin ?

AGATHE.

Paix, tais-toi, parle bas ; tu sauras mon dessein.
Éraste est de retour.

LISETTE.
Éraste ?

AGATHE.
D'Italie.

LISETTE.

D'où savez-vous cela, madame, je vous prie ?

AGATHE.

J'ai cru le voir hier paroître dans ces lieux ;
Et j'en crois plus mon cœur encore que mes yeux.

LISETTE.

Je ne m'étonne plus que votre diligence
Ait du seigneur Albert trompé la vigilance.
Par ma foi, c'est un guide excellent que l'amour!

AGATHE.

J'étois à ma fenêtre, en attendant le jour,
Quand quelqu'un est sorti : voyant la porte ouverte,
J'ai saisi promptement l'occasion offerte,
Tant pour prendre le frais, que pour flatter l'espoir
Qui pourroit attirer Éraste pour me voir.

LISETTE.

Vous n'avez pas envie, à ce qu'on peut comprendre,
Que le pauvre garçon s'enrhume à vous attendre:
Il arrive le soir, et vous, au point du jour,
Vous l'attendez ici pour flatter son amour :
C'est perdre peu de temps. Mais si, par aventure,
Albert votre tuteur, jaloux de sa nature,
Vient à nous rencontrer, que dira-t-il de nous?

AGATHE.

Je me veux affranchir du pouvoir d'un jaloux;
J'ai trop long-temps langui sous son cruel empire;

Je lève enfin le masque; et, quoi qu'il puisse dire,
Je veux, sans nul égard, lui montrer désormais
Comme je prétends vivre, et combien je le hais.

LISETTE.

Que le ciel vous maintienne en ce dessein louable!
Pour moi, j'aimerois mieux cent fois servir le diable;
Oui, le diable: du moins, quand il tiendroit sabbat,
J'aurois quelque repos; mais, dans mon triste état,
Soir, matin, jour ou nuit, je n'ai ni paix ni trêve:
Si cela dure encore il faudra que je crève.
Tant que le jour est long il gronde entre ses dents:
« Fais ceci, fais cela; va, viens; monte, descends;
« Fais bien la guerre à l'œil; ferme porte et fenêtre;
« Avertis, si de loin tu vois quelqu'un paroître. »
Il s'arrête, il s'agite, il court, sans savoir où;
Toute la nuit il rôde ainsi qu'un loup-garou;
Il ne nous permet pas de fermer la prunelle;
Lui, quand il dort d'un œil, l'autre fait sentinelle:
Il n'a ri de sa vie; il est jaloux, fâcheux,
Brutal à toute outrance, avare, dur, hargneux.
J'aimerois mieux chercher mon pain de porte en porte
Que servir plus long-temps un maître de la sorte.

AGATHE.

Lisette, tous nos maux vont finir désormais.
Qu'Éraste est différent du portrait que tu fais!
Dès mes plus tendres ans chez sa mère nourrie,

Nos cœurs se sont trouvés liés de sympathie ;
Et l'amour acheva, par des nœuds plus charmants,
De nous unir encor par ses engagements.
Plutôt que de souffrir la contrainte effroyable
Qui depuis quelque temps et me gêne et m'accable,
Je serois fille à prendre un parti violent ;
Et, sous un habit d'homme, en chevalier errant,
Pour m'affranchir d'Albert et de ses lois si dures,
J'irois par le pays chercher des aventures.

LISETTE.

Oh ! sans aller si loin, ici, quand vous voudrez,
Je vous suis caution que vous en trouverez.

AGATHE.

Tu ne sais pas encor quel est mon caractère
Quand on m'impose un joug à mon humeur contraire,
J'ai vécu dans le monde au milieu des plaisirs ;
La contrainte où je suis irrite mes désirs.
Présentement qu'Éraste à m'épouser s'apprête,
Mille vivacités me passent par la tête.
J'ai du cœur, de l'esprit, du sens, de la raison ;
Et tu verras dans peu des traits de ma façon.
Mais comment du château la porte est-elle ouverte ?

LISETTE.

Bon ! votre vieux Cerbère est à la découverte ;
Faut-il le demander ? Il rôde dans les champs ;
Il fait toute la nuit sentinelle en dedans,

Et, sur le point du jour, il va battre l'estrade.
S'il pouvoit, par bonheur, choir en quelque embuscade,
Et que des égrillards, avec de bons bâtons....
Mais, paix; j'entends du bruit: quelqu'un vient; écoutons.

SCÈNE II.

ALBERT, AGATHE, LISETTE.

ALBERT, *à part.*

J'ai fait dans mon château toute la nuit la ronde,
Et dans un plein repos j'ai trouvé tout le monde.
Pour mieux des ennemis rendre vains les efforts,
J'ai voulu même encor m'assurer des dehors.
Grâce au ciel, tout va bien. Une terreur secrète,
En dépit de mes soins, cependant m'inquiète.
Je vis hier rôder un certain curieux,
Qui de loin, ce me semble, examinoit ces lieux.
Depuis plus de six mois ma lâche complaisance
Met à chaque moment en défaut ma prudence;
Et, pour laisser Agathe à l'aise respirer,
Je n'ai, par bonté d'âme, encor rien fait murer.
Ce n'est point par douceur qu'on rend sages les filles;
Je veux du haut en bas faire attacher des grilles,
Et que de bons barreaux, larges comme la main,
Puissent servir d'obstacle à tout effort humain.
Mais j'entends quelque bruit, et, dans le crépuscule,

J'entrevois quelque objet qui marche et qui recule.
Approchons. Qui va là ? Personne ne répond :
Ce silence affecté ne me dit rien de bon.

LISETTE, *bas.*

Je tremble.

ALBERT.

C'est Lisette : Agathe est avec elle.

AGATHE.

Est-ce donc vous, monsieur, qui faites sentinelle ?

ALBERT.

Oui, oui, c'est moi, c'est moi ; mais, à l'heure qu'il est,
Que venez-vous chercher en ce lieu, s'il vous plaît ?

AGATHE.

De dormir ce matin n'ayant aucune envie,
Lisette et moi, monsieur, nous avons fait partie
D'être devant le jour sous ces arbres épais,
Pour voir naître l'aurore, et respirer le frais.

LISETTE.

Oui.

ALBERT.

Respirer le frais, et voir l'aurore naître,
Tout cela se pouvoit faire à votre fenêtre.
Ici, pour me trahir, vous êtes de complot.

LISETTE, *à part.*

Que ce seroit bien fait !

ACTE I, SCENE II.

ALBERT, *à Lisette.*
Que dis-tu?

LISETTE.
Pas le mot.

ALBERT.
Des filles sans intrigue, et qui sont retenues,
Sont, à l'heure qu'il est, dans leur lit étendues,
Dorment tranquillement, et ne vont point sitôt
Prendre dans une cour ni le froid ni le chaud.

LISETTE, *à Albert.*
Et comment, s'il vous plaît, voulez-vous qu'on repose?
Chez vous, toute la nuit, on n'entend autre chose
Qu'aller, venir, monter, fermer, descendre, ouvrir,
Crier, tousser, cracher, éternuer, courir.
Lorsque, par grand hasard, quelquefois je sommeille,
Un bruit affreux de clefs en sursaut me réveille :
Je veux me rendormir, mais point; un Juif errant,
Qui fait du mal d'autrui son plaisir le plus grand;
Un lutin, que l'enfer a vomi sur la terre
Pour faire aux gens dormants une éternelle guerre,
Commence son vacarme, et nous lutine tous.

ALBERT.
Et quel est ce lutin et ce Juif errant?

LISETTE.
Vous.

ALBERT.

Moi?

LISETTE.

Oui, vous. Je croyois que ces brusques manières
Venoient de quelque esprit qui vouloit des prières;
Et, pour mieux m'éclaircir, dans ce fâcheux état,
Si c'étoit âme ou corps qui faisoit ce sabbat,
Je mis, un certain soir, à travers la montée
Une corde aux deux bouts fortement arrêtée :
Cela fit tout l'effet que j'avois espéré.
Sitôt que pour dormir chacun fût retiré,
En personne d'esprit, sans bruit et sans chandelle,
J'allai dans certain coin me mettre en sentinelle.
Je n'y fus pas long-temps qu'aussitôt, patatras,
Avec un fort grand bruit, voilà l'esprit à bas;
Ses deux jambes à faux dans la corde arrêtées
Lui font avec le nez mesurer les montées.
Soudain j'entends crier : A l'aide! je suis mort!
A ces cris redoublés, et dont je riois fort,
J'accours, et je vous vois étendu sur la place
Avec une apostrophe au milieu de la face;
Et votre nez cassé me fit voir par écrit
Que vous étiez un corps, et non pas un esprit.

ALBERT.

Ah! malheureuse engeance! apanage du diable!
C'est toi qui m'as joué ce tour abominable?

Tu voulois me tuer avec ce trait maudit?
LISETTE.
Non, c'étoit seulement pour attraper l'esprit.
ALBERT.
Je ne sais maintenant qui retient mon courage
Que de vingt coups de poing au milieu du visage....
AGATHE, *le retenant.*
Eh, monsieur! doucement.
ALBERT, *à Agathe.*
Vous pourriez bien ici,
Vous, la belle, attraper quelque gourmade aussi.
(*à part.*)
Taisez-vous, s'il vous plaît. Pour punir son audace
Il faut que de chez moi sur-le-champ je la chasse.
(*à Lisette.*)
Qu'on sorte de ce pas.
LISETTE, *feignant de pleurer.*
Juste ciel! quel arrêt!
Monsieur!...
ALBERT.
Non, dénichons au plus tôt, s'il vous plaît.
LISETTE, *riant.*
Ah! par ma foi, monsieur, vous nous la donnez bonne
De croire qu'en quittant votre triste personne
Le moindre déplaisir puisse saisir mon cœur!
Un écolier qui sort d'avec son précepteur;

Une fille long-temps au célibat liée
Qui quitte ses parents pour être mariée ;
Un esclave qui sort des mains des mécréants ;
Un vieux forçat qui rompt sa chaîne après trente ans ;
Un héritier qui voit un oncle rendre l'âme ;
Un époux, quand il suit le convoi de sa femme,
N'ont pas le demi-quart tant de plaisir que j'ai
En recevant de vous ce bienheureux congé.

ALBERT.

De sortir de chez moi tu peux être ravie ?

LISETTE.

C'est le plus grand plaisir que j'aurai de ma vie.

ALBERT.

Oui ! puisqu'il est ainsi, je change de désir,
Et je ne prétends pas te donner ce plaisir :
Tu resteras ici pour faire pénitence.
  (*à Agathe.*)
Et vous, sans raisonner, rentrez en diligence.
(*Agathe rentre, en faisant la révérence ; Lisette en*
 fait autant ; Albert la retient, et continue.)
Demeure, toi ; je veux te parler sans témoins.

SCÈNE III.

ALBERT, LISETTE.

ALBERT, *à part.*
Il faut l'amadouer; j'ai besoin de ses soins.
  (*haut.*)
Allons, faisons la paix, vivons d'intelligence :
Je t'aime dans le fond, et plus que l'on ne pense.

LISETTE.
Et je vous aime aussi plus que vous ne pensez.

ALBERT.
Un bel amour, vraiment, à me casser le nez !
Mais je pardonne tout, et te donne promesses
Que tu ressentiras l'effet de mes largesses,
Si tu veux me servir dans une occasion.

LISETTE.
Voyons : de quel service est-il donc question ?

ALBERT.
Tu sais depuis long-temps que sur le fait d'Agathe,
J'ai, comme on doit l'avoir, l'âme un peu délicate.
La donzelle bientôt prendroit le mors aux dents,
Sans la précaution que près d'elle je prends.
Chez la dame du bourg jusqu'à quinze ans nourrie
Toujours dans le grand monde elle a passé sa vie :
Cette dame étant morte, un parent me pria

D'en vouloir prendre soin, et me la confia.
L'amour, depuis ce temps, s'est glissé dans mon âme,
Et j'ai quelque dessein d'en faire un jour ma femme.

LISETTE.

Votre femme ? fi donc !

ALBERT.

Qu'entends-tu par ce ton ?

LISETTE.

Fi ! vous dis-je.

ALBERT.

Comment ?

LISETTE.

Eh ! fi ! fi ! vous dit-on.
Vous avez trop d'esprit pour faire une sottise ;
Et j'en appellerois à votre barbe grise.

ALBERT.

Je n'ai point eu d'enfants de mon hymen passé ;
Et je veux achever ce que j'ai commencé,
Faire des héritiers dont l'heureuse naissance
De mes collatéraux détruise l'espérance.

LISETTE.

Ma foi, faites, monsieur, tout ce qu'il vous plaira,
Jamais postérité de vous ne sortira :
C'est moi qui vous le dis.

ALBERT.

Et pourquoi donc ?

ACTE I, SCÈNE III.

LISETTE.

Que sais-je ?

ALBERT.

Qui t'a de deviner donné le privilége ?
Dis donc, parle ; réponds.

LISETTE.

Mon Dieu ! je ne dis rien :
Sans dire la raison, vous la devinez bien :
Je m'entends, il suffit.

ALBERT.

Ne te mets point en peine ;
Ce sera mon affaire, et point du tout la tienne.

LISETTE.

Ah ! vous avez raison.

ALBERT.

Tu sais bien qu'ici-bas
Sans trouver quelque embûche on ne peut faire un pas.
Des piéges qu'on me tend mon âme est alarmée.
Je tiens une brebis avec soin enfermée ;
Mais des loups ravissants rôdent pour l'enlever :
Contre leur dent cruelle il la faut conserver ;
Et, pour ne craindre rien de leur noire furie,
Je veux de toutes parts fermer la bergerie,
Faire avec soin griller mon château tout autour,
Et ne laisser partout qu'un peu d'entrée au jour.
J'ai besoin de tes soins en cette conjoncture

Pour faire à mon désir attacher la clôture.
LISETTE.
Qui ? moi !
ALBERT.
Je ne veux pas que cette invention
Paroisse être l'effet de ma précaution;
Agathe avec raison pourroit être alarmée
De se voir par mes soins de la sorte enfermée;
Cela pourroit causer du refroidissement :
Mais, en fille d'esprit, il faut adroitement
Lui dorer la pilule, et lui faire comprendre
Que tout ce qu'on en fait n'est que pour se défendre,
Et que la nuit passée un nombre de bandits
N'a laissé que les murs dans le prochain logis.
LISETTE.
Mais croyez-vous, monsieur, avec ce stratagème,
Et bien d'autres encor dont vous usez de même,
Vous faire bien aimer de l'objet de vos vœux ?
ALBERT.
Ce n'est pas ton affaire ; il suffit, je le veux.
LISETTE.
Allez, vous êtes fou de vouloir, à votre âge,
Pour la seconde fois tâter du mariage ;
Plus fou d'être amoureux d'un objet de quinze ans;
Encor plus fou d'oser la griller là-dedans.
Ainsi, dans ce dessein, funeste en conséquences,

Je compte la valeur de trois extravagances,
Dont la moindre va droit aux Petites-Maisons.

ALBERT.

Pour me conduire ainsi j'ai de bonnes raisons.

LISETTE.

Pour moi, grâce aux effets de la bonté céleste,
J'ai jusqu'à présent eu de la vertu de reste ;
Mais, si j'avois amant ou mari de ce goût,
Ils en auroient, parbleu, sur la tête et partout.
Si vous me choisissez pour prendre cette peine,
Je vous le dis tout net, votre espérance est vaine.
Je ne veux point tremper dans vos lâches desseins :
Le cas est trop vilain, je m'en lave les mains.

ALBERT.

Sais-tu qu'après avoir employé la prière,
Je saurai contre toi prendre un parti contraire ?

LISETTE.

Pestez, jurez, criez, mettez-vous en courroux,
Vous m'entendrez toujours vous dire qu'un jaloux
Est un objet affreux à qui l'on fait la guerre,
Qu'on voudroit de bon cœur voir à cent pieds sous terre ;
Qu'il n'est rien plus hideux ; que Satan, Lucifer,
Et tant d'autres messieurs habitants de l'enfer,
Sont des objets plus beaux, plus charmants, plus aimables,
Des bourreaux moins cruels et moins insupportables,

Que certains jaloux, tels qu'on en voit en ce lieu,
Vous m'entendez: J'ai dit. Je me retire. Adieu.

SCÈNE IV.

ALBERT, *seul.*

Pour me trahir ici tout le monde s'emploie :
On diroit qu'ils n'ont pas tous de plus grande joie.
Lisette ne vaut rien; mais, de crainte de pis,
Malgré sa brusque humeur, je la garde au logis.
Je ne laisserai pas, quoi qu'on dise et qu'on glose,
D'accomplir le dessein que mon cœur se propose.

SCÈNE V.

ALBERT, CRISPIN.

CRISPIN, *à part.*

Mon maître, qui m'attend au cabaret prochain,
M'envoie ici devant pour sonder le terrain.
Voilà, je crois, notre homme; il faut feindre de sorte.

ALBERT.

Que faites-vous ici seul, et devant ma porte ?

CRISPIN.

Bonjour, monsieur.

ALBERT.

Bonjour.

ACTE I, SCÈNE V.

CRISPIN.

Vous portez-vous bien?

ALBERT.

Oui.

CRISPIN.

En vérité, j'en ai le cœur bien réjoui.

ALBERT.

Content, ou non content, quel sujet vous attire,
Et quel homme êtes-vous?

CRISPIN.

J'aurois peine à le dire.
J'ai fait tant de métiers, d'après le naturel,
Que je puis m'appeler un homme universel.
J'ai couru l'univers; le monde est ma patrie:
Faute de revenu, je vis de l'industrie,
Comme bien d'autres font; selon l'occasion,
Quelquefois honnête homme, et quelquefois fripon.
J'ai servi volontaire un an dans la marine;
Et, me sentant le cœur enclin à la rapine,
Après avoir été dix-huit mois flibustier,
Un mien parent me fit apprenti maltôtier.
J'ai porté le mousquet en Flandre, en Allemagne;
Et j'étois miquelet dans les guerres d'Espagne.

ALBERT.

(*à part.*)

Voilà bien des métiers! Du bas jusques en haut,

et homme me paroît avoir l'air d'un maraud.
(*haut.*)
ue faites-vous ici ? parlez.

CRISPIN.
Je me retire.

ALBERT.
Non, non ; il faut parler.

CRISPIN, *à part.*
Je ne sais que lui dire.

ALBERT.
Vous me portez tout l'air d'être de ces fripons
Qui rôdent pour entrer la nuit dans les maisons.

CRISPIN.
Vous me connoissez mal ; j'ai d'autres soins en tête,
Tandis que le hasard dans ce séjour m'arrête,
Ayant pour bien des maux des secrets merveilleux,
Je m'amuse à chercher des simples dans ces lieux.

ALBERT.
Des simples ?

CRISPIN.
Oui, monsieur. Tout le temps de ma vie
J'ai fait profession d'exercer la chimie.
Tel que vous me voyez, il n'est guère de maux
Où je ne sache mettre un remède à propos ;
Pierre, gravelle, toux, vertige, maux de mère.
On m'a même accusé d'avoir un caractère.

Il ne s'en est fallu qu'un degré de chaleur
Pour être de mon temps le plus heureux souffleur.

ALBERT.

Cet habit cependant n'est pas de compétence.

CRISPIN.

Vous savez que l'habit ne fait pas la science ;
Et je ne serois pas réduit d'être valet,
Si je n'avois eu bruit avec le Châtelet.
Mais un jour on verra triompher l'innocence.

ALBERT.

Vous avez, dites-vous?...

CRISPIN.

Voyez la médisance !
Certain jour, me trouvant le long d'un grand chemin,
Moi troisième, et le jour étant sur son déclin,
En un certain bourbier j'aperçus certain coche :
En homme secourable aussitôt je m'approche ;
Et, pour le soulager du poids qui l'arrêtoit,
J'ôtai du magasin les paquets qu'il portoit.
On a voulu depuis, pour ce trait charitable,
De ces paquets perdus me rendre responsable :
Le prévôt s'en mêloit ; c'est pourquoi mes amis
Me conseillèrent tous de quitter le pays.

ALBERT.

C'est agir prudemment en affaires pareilles.

CRISPIN.

J'arrive de la guerre, où j'ai fait des merveilles :
Les Ardennes m'ont vu soutenir tout le feu,
Et batailler un jour seul contre un parti bleu.
J'ai, dans le Milanais, payé de ma personne.
Savez-vous bien, monsieur, que j'étois dans Crémone?

ALBERT.

Je vous crois. Mais, après tous ces exploits fameux,
Que voulez-vous enfin de moi?

CRISPIN.

Ce que je veux ?

ALBERT.

Oui.

CRISPIN.

Rien. Je crois qu'on peut, quoique l'on en raisonne,
Se promener ici sans offenser personne.

ALBERT.

Oui; mais il ne faut pas trop long-temps y rester.
Serviteur.

CRISPIN.

Serviteur. Avant de nous quitter,
Dites-moi, s'il vous plaît, monsieur, à qui peut être
Le château que voilà.

ALBERT.

Mais.... il est à son maître.

CRISPIN.

C'est parler comme il faut. Vous répondez si bien,
Que l'on ne peut sitôt quitter votre entretien.
Nous devons à la ville aller ce soir au gîte
Y serons-nous bientôt ?

ALBERT.

Si vous allez bien vite.

CRISPIN, à part.

Cet homme n'aime pas les conversations.
  (haut.)
Pour finir en un mot toutes mes questions,
Je pars ; et dites-moi quelle heure il pourroit être.

ALBERT.

La demande est plaisante ! à ce qu'on peut connoître,
Vous me croyez ici mis, comme les cadrans,
Pour, du haut d'un clocher, montrer l'heure aux passants:
Allez l'apprendre ailleurs ; partez : je vous conseille
De ne pas plus long-temps étourdir mon oreille.
Votre aspect me fatigue autant que vos discours.
Adieu : bonjour.

SCÈNE VI.

CRISPIN, seul.

Cet homme a bien de l'air d'un ours.
Par ma foi, ce début commence à m'interdire.

Le vieillard me paroît un peu sujet à l'ire ;
Pour en venir à bout il faudra batailler :
Tant mieux ; c'est où je brille, et j'aime à ferrailler.

SCÈNE VII.

ÉRASTE, CRISPIN.

CRISPIN.

Mais j'aperçois mon maître.

ÉRASTE.

Eh bien, quelle nouvelle,
Cher Crispin ? Dans ces lieux as-tu vu cette belle ?
As-tu vu ce tuteur ? et vois-tu quelque jour,
Quelque rayon d'espoir qui flatte mon amour ?

CRISPIN.

A vous dire le vrai, ce n'étoit pas la peine
De venir de Milan ici tout d'une haleine
Pour nous en retourner d'abord du même train ;
Vous pouviez m'épargner le travail du chemin.
Ah ! que ce mont Cénis est un pas ridicule !
Vous souvient-il, monsieur, quand ma maudite mule
Me jeta, par malice, en ce trou si profond ?
Je fus près d'un quart d'heure à rouler jusqu'au fond.

ÉRASTE.

Ne badine donc point ; parle d'autre manière.

ACTE I, SCÈNE VII.

CRISPIN.

Puisque vous souhaitez une phrase plus claire,
Je vous dirai, monsieur, que j'ai vu le jaloux,
Qui m'a reçu d'un air qui tient de l'aigre-doux.
Il faudra du canon pour emporter la place.

ÉRASTE.

Nous en viendrons à bout, quoi qu'il dise et qu'il fasse;
Et je ne prétends point abandonner ces lieux
Que je ne sois nanti de l'objet de mes vœux.
L'amour de ce brutal vaincra la résistance.

CRISPIN.

J'aurois pour le succès assez bonne espérance,
Si de quelque argent frais nous avions le secours :
C'est le nerf de la guerre, ainsi que des amours.

ÉRASTE.

Ne te mets point en peine; Agathe, en mariage,
A trente mille écus de bon bien en partage :
Quand elle n'auroit rien, je l'aime cent fois mieux
Qu'une autre avec tout l'or qui séduiroit tes yeux.
Dès ses plus tendres ans chez ma mère élevée,
Son image en mon cœur est tellement gravée,
Que rien ne pourra plus en effacer les traits.
Nos deux cœurs, qui sembloient l'un pour l'autre être faits,
Goûtoient de cet amour l'heureuse intelligence,
Quand ma mère mourut. Dans cette décadence,
Albert, ce vieux jaloux que l'enfer confondra,

Par avis de parents d'Agathe s'empara.
Je ne le connois point; et lui, comme je pense,
De moi ni de mon nom n'a nulle connoissance.
On m'a dit qu'il étoit d'un très fâcheux esprit,
Défiant, dur, brutal.

CRISPIN.
Et l'on vous a bien dit.
Il faut savoir d'abord si dans la forteresse
Nous nous introduirons par force ou par adresse;
S'il est plus à propos, pour nos desseins conçus,
De faire un siége ouvert, ou former un blocus.

ÉRASTE.
Tu te sers à propos de termes militaires;
Tu reviens de la guerre.

CRISPIN.
En toutes les affaires
La tête doit toujours agir avant le bras.
Ce n'est pas d'aujourd'hui que je vois des combats;
J'ai même déserté deux fois dans la milice.
Quand on veut, voyez-vous, qu'un siége réussisse,
Il faut premièrement s'emparer des dehors,
Connoître les endroits, les foibles et les forts :
Quand on est bien instruit de tout ce qui se passe,
On ouvre la tranchée, on canonne la place,
On renverse un rempart, on fait brèche; aussitôt
On avance en bon ordre, et l'on donne l'assaut;

On égorge, on massacre, on tue, on vole, on pille.
C'est de même à peu près quand on prend une fille ;
N'est-il pas vrai, monsieur ?

ÉRASTE.

A quelque chose près.
La suivante Lisette est dans nos intérêts.

CRISPIN.

Tant mieux ; plus dans la ville on a d'intelligence,
Et plus pour le succès on conçoit d'espérance.
Il la faut avertir que, sans bruit, sans tambours,
Il est toute la nuit arrivé du secours ;
Lui faire des signaux, pour lui faire comprendre....

ÉRASTE.

Allons voir là-dessus quels moyens il faut prendre ;
Et, pour ne point donner de soupçons dangereux,
Évitons de rester plus long-temps dans ces lieux.

SCÈNE VIII.

CRISPIN, seul.

Moi, comme ingénieur et chef d'artillerie,
Je vais voir où je dois placer ma batterie,
Pour battre en brèche Albert, et l'obliger bientôt
A nous rendre la place, ou soutenir l'assaut.

FIN DU PREMIER ACTE.

ACTE SECOND.

SCÈNE I.

ALBERT, seul.

Un secret confié, dit un excellent homme
(J'ignore son pays et comment il se nomme),
Est la chose à laquelle on doit plus regarder,
Et la plus difficile en ce temps à garder :
Cependant, n'en déplaise à ce docteur habile,
La garde d'une fille est bien plus difficile.
J'ai fait par le jardin entrer le serrurier,
Qui doit à mon dessein promptement s'employer.
Je veux faire sortir Agathe et sa suivante,
De peur qu'à cet aspect leur cœur ne s'épouvante :
Il faut les appeler, afin qu'à son plaisir
L'ouvrier libre et seul puisse agir à loisir.
Quand j'aurai sur ce point satisfait ma prudence,
Il faudra les résoudre à prendre patience.
Holà, quelqu'un.

SCÈNE II.

AGATHE, LISETTE, ALBERT.

ALBERT.
Venez sous ces arbres épais,
Pendant quelques moments, prendre avec moi le frais.
LISETTE, *à Albert.*
Voilà du fruit nouveau. Quel démon favorable,
Vous rend l'accueil si doux, et l'humeur si traitable ?
Par votre ordre étonnant, depuis plus de six mois,
Nous sortons aujourd'hui pour la première fois.
ALBERT.
Il faut changer de lieu quelquefois dans la vie ;
Le plus charmant séjour à la fin nous ennuie.
AGATHE, *à Albert.*
Sous quelque autre climat que je sois avec vous,
L'air n'y sera pour moi ni meilleur ni plus doux.
Je ne sais pas pourquoi ; mais enfin je soupire,
Quand je suis près de vous, plus que je ne respire.
ALBERT, *à Agathe.*
Mon cœur à ce discours se pâme de plaisirs.
Il te faut un époux pour calmer ces soupirs.
AGATHE.
Les filles, d'ordinaire assez dissimulées,
Font, au seul nom d'époux, d'abord les réservées,

Masquent leurs vrais désirs, et répondent souvent
N'aimer d'autre parti que celui du couvent :
Pour moi, que le pouvoir de la vérité presse,
Qui ne trouve en cela ni crime ni foiblesse,
J'ai le cœur plus sincère ; et je vous dis sans fard
Que j'aspire à l'hymen, et plus tôt que plus tard.

LISETTE.

C'est bien dit. Que sert-il, au printemps de son âge,
De vouloir se soustraire au joug du mariage,
Et de se retrancher du nombre des vivants ?
Il étoit des maris bien avant des couvents ;
Et je tiens, moi, qu'il faut suivre, en toute méthode,
Et la plus ancienne, et la plus à la mode.
Le parti d'un époux est le plus ancien,
Et le plus usité ; c'est pourquoi je m'y tien.

ALBERT.

En personnes d'esprit vous parlez l'une et l'autre.
Mes sentiments aussi sont conformes au vôtre :
Je veux me marier. Riche comme je suis,
On me vient tous les jours proposer des partis
Qui paroissent pour moi d'un très grand avantage;
Mais je réponds toujours qu'un autre amour m'engage;
  (*à Agathe.*)
Que mon cœur, prévenu de ta rare beauté,
Pour toi seule soupire ; et que, de ton côté,
Tu n'adores que moi.

ACTE II, SCÈNE II.

AGATHE.

Comment donc!

ALBERT.

Oui, mignonne,
J'ai déclaré l'amour qui pour moi t'aiguillonne.

AGATHE.

Vous avez, s'il vous plaît, dit....

ALBERT.

Qu'au fond de ton cœur
Pour moi tu nourrissois une sincère ardeur.

AGATHE.

Votre discrétion vraiment ne paroît guère.

ALBERT.

On ne peut être heureux, belle Agathe, et se taire.

AGATHE.

Vous ne deviez pas faire un tel aveu si haut.

ALBERT.

Et pourquoi, mon enfant?

AGATHE.

C'est que rien n'est si faux,
Et qu'on ne peut mentir avec plus d'impudence.

ALBERT.

Vous ne m'aimez donc pas?

AGATHE.

Non; mais, en récompense,
Je vous hais à la mort.

ALBERT.
Et pourquoi ?
AGATHE.
Qui le sait ?
On aime sans raison, et sans raison on hait.
LISETTE, *à Albert.*
Si l'aveu n'est pas tendre, il est du moins sincère.
ALBERT, *à Agathe.*
Après ce que j'ai fait, basilic, pour te plaire !
LISETTE.
Ne nous emportons point ; voyons tranquillement
Si l'amour vous a fait un objet bien charmant.
Vos traits sont effacés, elle est aimable et fraîche ;
Elle a l'esprit bien fait, et vous l'humeur revêche ;
Elle n'a pas seize ans, et vous êtes fort vieux ;
Elle se porte bien, vous êtes catharreux ;
Elle a toutes ses dents qui la rendent plus belle,
Vous n'en avez plus qu'une, encore branle-t-elle,
Et doit être emportée à la première toux.
A quelle malheureuse ici-bas plairiez-vous ?
ALBERT.
Si j'ai pris pour lui plaire une inutile peine,
Je veux, parlasembleu, mériter cette haine,
Et mettre en sûreté ses dangereux appas.
Je vais en certain lieu la mener de ce pas,
Loin de tous damoiseaux, où de son arrogance

Elle aura tout loisir de faire pénitence.
Allons, vite, marchons.

AGATHE.

Où voulez-vous aller?

ALBERT.

Vous le saurez tantôt : marchons, sans tant parler.

SCÈNE III.

ÉRASTE, ALBERT, AGATHE, LISETTE, CRISPIN.

(*Éraste entre comme un homme qui se promène; il aperçoit Albert, et le salue.*)

ALBERT, *à part.*

Quel triste contre-temps dans cette conjoncture!
Au diable le fâcheux, et sa sotte figure!

(*haut, à Éraste.*)

Souhaitez-vous, monsieur, quelque chose de moi?

LISETTE, *bas, à Agathe.*

C'est Éraste.

AGATHE, *bas.*

Paix donc, je le vois mieux que toi.

(*Éraste continue à saluer.*)

ALBERT.

A quoi servent, monsieur, les façons que vous faites?
Parlez donc; je suis las de toutes ces courbettes.

ÉRASTE.
Étranger dans ces lieux, et ravi de vous voir,
Vous rendant mes respects, je remplis mon devoir.
Assez près de chez vous ma chaise s'est rompue;
Lorsqu'à la réparer ici l'on s'évertue,
Attiré par l'aspect et le frais de ces lieux,
Je viens y respirer un air délicieux.

ALBERT.
Vous vous trompez, monsieur; l'air qu'ici l'on respire
Est tout-à-fait malsain : je dois même vous dire
Que vous ferez fort mal d'y demeurer long-temps,
Et qu'il est dangereux et mortel aux passants.

AGATHE.
Hélas! rien n'est plus vrai; depuis que j'y respire,
Je languis nuit et jour dans un cruel martyre.

CRISPIN.
Que l'on me donne à moi toujours du même vin
Que celui que notre hôte a percé ce matin,
Et je défie ici toux, fièvre, apoplexie,
De pouvoir de cent ans attenter à ma vie.

ÉRASTE.
On ne croira jamais qu'avec tant de beauté,
Et cet air si fleuri, vous manquiez de santé.

ALBERT.
Qu'elle se porte bien ou qu'elle soit malade,
Cherchez un autre lieu pour votre promenade.

ACTE II, SCÈNE III.

ÉRASTE.

Cet objet que le ciel a pris soin de parer,
Cette vue où mon œil se plaît à s'égarer,
Enchante mes regards ; et jamais la nature
N'étala ses attraits avec tant de parure.
Mon cœur est amoureux de ce qu'on voit ici.

ALBERT.

Oui, le pays est beau, chacun en parle ainsi :
Mais vous emploieriez mieux la fin de la journée ;
Votre chaise à présent doit être accommodée ;
Votre présence ici ne fait aucun besoin :
Partez ; vous devriez être déjà bien loin.

ÉRASTE.

Je pars dans le moment. Dites-moi, je vous prie....

ALBERT.

Puisque de babiller vous avez tant d'envie,
Je vais vous écouter avec attention.
  (à Agathe et à Lisette.)
Rentrez, rentrez.

LISETTE.

Monsieur....

ALBERT.

                Eh ! rentrez, vous dit-on.

ÉRASTE.

Je me retirerai plutôt que d'être cause
Que madame pour moi souffre la moindre chose.

AGATHE.

Non, monsieur, demeurez ; et jusques à demain
Différez, croyez-moi, de vous mettre en chemin ;
Et ne vous y mettez qu'en bonne compagnie :
Les chemins sont mal sûrs.

ALBERT.
Que de cérémonie !

(*Agathe rentre.*)

SCÈNE IV.

ALBERT, LISETTE, ÉRASTE, CRISPIN.

ALBERT, *à Lisette.*

Allons, vite, rentrons.

LISETTE.

Oui, oui, je rentrerai ;
Mais, devant ces messieurs, tout haut je vous dirai
Que le ciel enverra quelque honnête personne,
Pour faire enfin cesser les chagrins qu'on nous donne.
Depuis plus de six mois, dans ce cloître nouveau,
Nous n'avons aperçu que l'ombre d'un chapeau ;
A tout homme en ce lieu l'entrée est interdite ;
Tout dans cette maison est sujet à visite.
Nous croyons quelquefois que le monde a pris fin.
Rien n'entre ici, s'il n'est du genre féminin :
Jugez si quelque fille en ce lieu peut se plaire.

ALBERT, *lui mettant la main sur la bouche, et la faisant rentrer.*

Ah ! je t'arracherai ta langue de vipère !

SCÈNE V.

ALBERT, ÉRASTE, CRISPIN.

ALBERT, *bas.*

Je ne veux point sitôt rentrer dans le logis,
Pour donner tout le temps que les barreaux soient mis :
Leurs plaintes et leurs cris me toucheroient peut-être.
(*haut.*)
Çà, de quoi s'agit-il ? Parlez ; vous voilà maître ;
Mais surtout soyez bref.

ÉRASTE.

Je suis fâché, vraiment,
Que pour moi votre fille ait un tel traitement.

ALBERT.

Qu'est-ce à dire, ma fille ?

ÉRASTE.

Est-ce donc votre femme ?

ALBERT.

Cela sera bientôt.

ÉRASTE.

J'en suis ravi dans l'âme :
Vous ne pouvez jamais prendre un plus beau dessein,

Et vous faites fort bien de lui tenir la main.
Tous les maris devroient faire ce que vous faites;
Les femmes aujourd'hui sont toutes si coquettes !...

ALBERT.

J'empêcherai, parbleu, que celle que je prends
Ne suive la manière et le train de ce temps.

CRISPIN.

Ah! que vous ferez bien ! Je suis si soûl des femmes!...
Et je suis si ravi quand quelques bonnes âmes
Se servent de main-mise un peu de temps en temps!...

ALBERT.

Ce garçon-là me plaît, et parle de bon sens.

ÉRASTE.

Pour moi, je ne vois rien de si digne de blâme
Qu'un homme qui s'endort sur la foi d'une femme;
Qui, sans être jamais de soupçons combattu,
Compte tranquillement sur sa frêle vertu ;
Croit qu'on fit pour lui seul une femme fidèle.
Il faut faire soi-même en tout temps sentinelle ;
Suivre partout ses pas; l'enfermer, s'il le faut;
Quand elle veut gronder, crier encor plus haut :
Et, malgré tous les soins dont l'amour nous occupe,
Le plus fin, quel qu'il soit, en est toujours la dupe.

ALBERT.

Nous sommes un peu grecs sur ces matières-là;
Qui pourra m'attraper bien habile sera;

Chaque jour là-dedans j'invente quelque adresse,
Pour mieux déconcerter leur ruse et leur finesse.
Ma foi, vous aurez beau, messieurs leurs partisans,
Débonnaires maris, doucereux courtisans,
Abbés blonds et musqués, qui cherchez par la ville
Des femmes dont l'époux soit d'un accès facile,
Publier que je suis un brutal, un jaloux;
Dans le fond de mon cœur je me rirai de vous.

ÉRASTE.

Quand vous seriez jaloux, devez-vous vous défendre
Pour avoir plus qu'un autre un cœur sensible et tendre?
Sans être un peu jaloux on ne peut être amant.
Bien des gens cependant raisonnent autrement :
Un jaloux, disent-ils, qui sans cesse querelle,
Est plutôt le tyran que l'amant d'une belle;
Sans relâche, agité de fureur et d'ennui,
Il ne met son plaisir que dans le mal d'autrui;
Insupportable à tous, odieux à lui-même,
Chacun à le tromper met son plaisir extrême,
Et voudroit qu'on permît d'étouffer un jaloux
Comme un monstre échappé de l'enfer en courroux.
C'est dans le monde ainsi qu'on parle d'ordinaire;
Mais, pour moi, je soutiens un parti tout contraire,
Et dis qu'un galant homme, et qui fait tant d'aimer,
Par de jaloux transports peut se voir animer,
Céder à ce penchant; et qu'il faut, dans la vie,

Assaisonner l'amour d'un peu de jalousie.

ALBERT.

Certes, vous me charmez, monsieur, par votre esprit:
Je voudrois pour beaucoup que cela fût écrit,
Pour le montrer aux sots qui blâment ma manière.

CRISPIN.

Entrons chez vous, monsieur : là, pour vous satisfaire,
Je vous l'écrirai tout, sans qu'il vous coûte rien.

ALBERT, *l'arrêtant.*

Je vous suis obligé ; je m'en souviendrai bien.
Vous n'avez pas, je crois, autre chose à me dire :
Voilà votre chemin. Adieu : je me retire.
Que le ciel vous maintienne en ces bons sentiments ;
Et ne demeurez pas en ce lieu plus long-temps.

SCÈNE VI.

LISETTE, ÉRASTE, ALBERT, CRISPIN.

LISETTE.

Au secours ! aux voisins ! Quel accident terrible !
Quelle triste aventure ! Ah ciel ! est-il possible ?
Pauvre seigneur Albert ! que vas-tu devenir ?
Le coup est trop mortel ; je n'en puis revenir.

ALBERT.

Qu'est-il donc arrivé ?

ACTE II, SCÈNE VI.

LISETTE.
    La plus rude disgrâce....
ALBERT.
Mais encor faut-il bien savoir ce qui se passe.
LISETTE.
Agathe....
ÉRASTE.
  Eh bien! Agathe?
LISETTE.
      Agathe, en ce moment,
Vient de devenir folle, et tout subitement.
ALBERT.
Agathe est folle!
ÉRASTE.
  Ah ciel!
ALBERT.
     Cela n'est pas croyable.
LISETTE.
Ah! monsieur, ce malheur n'est que trop véritable.
Quand par votre ordre exprès elle a vu travailler
Ce maudit serrurier, venu pour nous griller,
Qu'elle a vu ces barreaux et ces grilles paroître,
Dont ce noir forgeron condamnoit sa fenêtre,
J'ai dans le même instant vu ses yeux s'égarer,
Et son esprit frappé soudain s'évaporer.
Elle tient des discours remplis d'extravagance;

Elle court, elle grimpe, elle chante, elle danse;
Elle prend un habit, puis le change soudain
Avec ce qu'elle peut rencontrer sous sa main :
Tout à l'heure elle a mis, dans votre garde-robe,
Votre large culotte, et votre grande robe;
Puis, prenant sa guitare, elle a de sa façon
Chanté différents airs en différent jargon.
Enfin c'est cent fois pis que je ne puis vous dire.
On ne peut s'empêcher d'en pleurer et d'en rire.

ÉRASTE.

Qu'entends-je? juste ciel!

ALBERT.

Quel funeste malheur!

LISETTE.

De ce triste accident vous êtes seul l'auteur :
Et voilà ce que c'est que d'enfermer les filles!

ALBERT.

Maudite prévoyance, et malheureuses grilles!

LISETTE.

J'ai voulu dans sa chambre un moment l'enfermer;
C'étoient des hurlements qu'on ne peut exprimer;
De rage elle battoit les murs avec sa tête.
J'ai dit qu'on ouvre tout, et qu'aucun ne l'arrête.
Mais je la vois venir.

SCÈNE VII.

AGATHE, ALBERT, ÉRASTE, LISETTE, CRISPIN.

LISETTE.

Hélas! à tout moment
Elle change de forme et de déguisement.

AGATHE, *en habit d'Espagnolette, avec une guitare, faisant le musicien, chante.*

Toute la nuit entière
Un vieux vilain matou
Me guette sur la gouttière.
Ah! qu'il est fou!
Ne se peut-il point faire
Qu'il s'y rompe le cou?

ÉRASTE, *bas, à Crispin.*

Malgré son mal, Crispin, l'aimable et doux visage!

CRISPIN, *bas.*

Je l'aimerois encor mieux qu'une autre plus sage.

AGATHE, *chante.*

Ne se peut-il point faire
Qu'il s'y rompe le cou?

Vous êtes du métier? musiciens, s'entend;
Fort vains, fort altérés, fort peu d'argent comptant :

Je suis, ainsi que vous, membre de la musique,
Enfant de *G ré sol;* et de plus, je m'en pique;
D'un bout du monde à l'autre on vante mon talent.
Sur un certain *duo*, que je trouve excellent
Parce qu'il est de moi, je veux, sans complaisance,
Que chacun de vous deux me dise ce qu'il pense.

ALBERT.

Ah! ma chère Lisette, elle a perdu l'esprit.

LISETTE.

Qui le sait mieux que moi? ne vous l'ai-je pas dit?
(*Agathe chante un petit prélude.*)

CRISPIN.

Ce qui m'en plaît, monsieur, sa folie est gaillarde.

ALBERT.

Elle a les yeux troublés, et la mine hagarde.

AGATHE.

J'aime les gens de l'art.
(*Elle présente une main à Albert qu'elle secoue rudement, et laisse baiser l'autre à Éraste.*)
Touchez là, touchez là.
L'air que vous entendez est fait en *A mi la;*
C'est mon ton favori: la musique en est vive,
Bizarre, pétulante, et fort récréative;
Les mouvements légers, nouveaux, vifs, et pressés.
L'on m'envoya chercher, un de ces jours passés,

Pour détremper un peu l'humeur mélancolique
D'un homme dès long-temps au lit, paralytique :
Dès que j'eus mis en chant un certain rigaudon,
Trois sages médecins, venus dans la maison,
La garde, le malade, un vieil apothicaire
Qui venoit d'exercer son grave ministère,
Sans respect du métier, se prenant par la main,
Se mirent à danser jusques au lendemain.
CRISPIN, *à Éraste.*
Voir une faculté faire en rond une danse,
Et sortir dans la rue ainsi tous en cadence,
Cela doit être beau, monsieur !
ÉRASTE, *bas, à Crispin.*
Quoi ! malheureux,
Tu peux rire, et la voir en cet état affreux !
AGATHE.
Attendez.... doucement.... mon démon de musique
M'agite, me saisit.... je tiens du chromatique.
Les cheveux à la tête en dresseront d'horreur....
Ne troublez pas le dieu qui me met en fureur.
Je sens qu'en tons heureux ma verve se dégorge.
(*Elle tousse beaucoup, et crache au nez d'Albert.*)
Pouah ! c'est un diésis que j'avois à la gorge.
Or donc, dans le *duo* dont il est question,
Vous y verrez du vif et de la passion :
Je réussis des mieux et dans l'un et dans l'autre.

(*Elle donne un papier de musique à Albert, et une lettre à Éraste.*)

Voilà votre partie; et vous, voilà la vôtre.

(*Elle tousse pour se préparer à chanter.*)

CRISPIN.

Écartons-nous un peu; je crains les diésis.

LISETTE, *à part.*

Nous entendrons bientôt de beaux charivaris.

ALBERT.

Agathe, mon enfant, ton erreur est extrême :
Je suis seigneur Albert, qui te chéris, qui t'aime.

AGATHE.

Parbleu! vous chanterez.

ALBERT.

Eh bien! je chanterai;
Et, si c'est ton désir encor, je danserai.

ÉRASTE, *ouvrant son papier, à part.*

Une lettre, Crispin !

CRISPIN, *bas, à Éraste.*

Ah ciel! quelle aventure!
Le maître de musique entend la tablature.

AGATHE.

Çà, comptez bien vos temps pour partir : cette fois,
C'est vous qui commencez. Allons, vite. Un, deux, trois

(*Elle donne un coup du papier dont elle bat la mesure sur la tête d'Albert, et frappe du pied sur le sien avec colère.*)

Partez donc, partez donc, musicien barbare,
Ignorant par nature, ainsi que par bécarre.
Quelle rauque grenouille au milieu de ses joncs
T'a donné de ton art les premières leçons?
Sais-tu, dans un concert, ou croasser, ou braire!

ALBERT.

Je vous ai déjà dit, sans vouloir vous déplaire,
Que je n'ai point l'honneur d'être musicien.

AGATHE.

Pourquoi donc, ignorant, viens-tu, ne sachant rien,
Interrompre un concert où ta seule présence
Cause des contre-temps et de la discordance?
Vit-on jamais un âne essayer des bémols,
Et se mêler au chant des tendres rossignols?
Jamais un noir corbeau, de malheureux présage,
Troubla-t-il des serins l'agréable ramage?
Et jamais, dans les bois, un sinistre hibou,
Pour chanter un concert, sortit-il de son trou?
Tu n'es et ne seras qu'un sot toute ta vie.

CRISPIN, *à Agathe.*

Mon maître, comme il faut, chantera sa partie;
J'en suis sa caution.

AGATHE.
Il faut que dès ce soir
Dans une sérénade il montre son savoir ;
Qu'il fasse une musique, et prompte, et vive, et tendre,
Qui m'enlève !

LISETTE, *à Crispin.*

Entends-tu ?

CRISPIN.
Je commence à comprendre.
C'est.... comme qui diroit une fugue.

AGATHE.
D'accord.

CRISPIN.
Une fugue, en musique, est un morceau bien fort,
(*bas, à Agathe.*)
Et qui coûte beaucoup. Nous n'avons pas un double.

AGATHE, *bas, à Crispin.*
Nous pourvoirons à tout ; qu'aucun soin ne vous trouble.

ÉRASTE, *à Agathe.*
Vous verrez que je suis un homme de concert,
Et que je sais de plus chanter à livre ouvert.

AGATHE *chante.*
L'uccelletto,
No, non è matto,
Che, cercando di quà, di là,
Va trovando la libertà :

ACTE II, SCÈNE VII.

Ut re mi, re mi fa;
Mi fa sol, fa sol la.

Al dispetto
D'un vecchio bruto,
E cercando di quà, di là,
L'uccelletto si salverà :
Ut re mi, re mi fa;
Mi fa sol, fa sol la.
(*Elle sort en chantant et en dansant autour d'Éraste.*)

SCÈNE VIII.

ALBERT, LISETTE, ÉRASTE, CRISPIN.

ALBERT.

Lisette, suivons-la; voyons s'il est possible
D'apporter du remède à ce malheur terrible.

SCÈNE IX.

LISETTE, ÉRASTE, CRISPIN.

LISETTE.

Ma pauvre maîtresse! Ah! j'ai le cœur tout saisi.
Je crois que je m'en vais devenir folle aussi.
(*Elle sort en chantant et en dansant autour de Crispin.*)

SCÈNE X.

ÉRASTE, CRISPIN.

ÉRASTE, *ouvrant la lettre.*
ré. Lisons....

serez surpris du parti que je prends; mais
age où je me trouve devenant plus dur
jour, j'ai cru qu'il m'étoit permis de tout
endre. Vous, de votre côté, essayez tout
e délivrer de la tyrannie d'un homme que
autant que je vous aime. »

Que dis-tu, je te prie,
e que tu vois, et de cette folie?

CRISPIN.
les ressorts de l'esprit féminin
est agité de l'amoureux lutin.

ÉRASTE.
ue cette nuit, sans plus longue remise,
sions éclater quelque noble entreprise,
ious l'arrachions, Crispin, d'un joug si dur.

CRISPIN.
ulez l'enlever?

ÉRASTE.
Ce seroit le plus sûr,

Et le plus prompt.
CRISPIN.
D'accord. Mais, vous rendant service,
Je crains après cela....
ÉRASTE.
Que crains-tu ?
CRISPIN.
La justice.
ÉRASTE.
C'est pour nous épouser.
CRISPIN.
C'est fort bien entendu.
Vous serez épousé ; moi, je serai pendu.
ÉRASTE.
Il me vient un dessein.... Tu connois bien Clitandre ?
CRISPIN.
Oui-dà.
ÉRASTE.
D'un tel ami nous pouvons tout attendre :
Son château n'est pas loin ; c'est chez lui que je veux
Me choisir un asile en partant de ces lieux.
Là, bravant du jaloux le dépit et la rage,
Nous disposerons tout pour notre mariage.
La joie et le plaisir règnent dans ce séjour,
Et nous y conduirons et l'hymen et l'amour.

SCÈNE XI.

ALBERT, ÉRASTE, CRISPIN.

ALBERT, à Éraste.

Ah ! monsieur, excusez l'ennui qui me possède :
Je reviens sur mes pas pour chercher du remède.
Cet homme est à vous ?

ÉRASTE.

Oui.

ALBERT.

De grâce, ordonnez-lui
Qu'il veuille à mon secours s'employer aujourd'hui.

ÉRASTE.

Et que peut-il pour vous ? parlez.

ALBERT.

De sa science
Il a daigné tantôt me faire confidence :
Il a mille secrets pour guérir bien des maux ;
Peut-être en a-t-il un pour les foibles cerveaux.

CRISPIN.

Oui, oui, j'en ai plus d'un, dont l'effet salutaire....
Mais vous m'avez tantôt traité d'une manière....

ALBERT, à Crispin.

Ah, monsieur !

ACTE II, SCÈNE XI.

CRISPIN.
Refuser, lorsqu'on vous en prioit,
De dire le chemin, et l'heure qu'il étoit !

ALBERT.
Pardonnez mon erreur.

CRISPIN.
En nul lieu, de ma vie,
On ne me fit tel tour, pas même en Barbarie.

ALBERT.
Pourrez-vous, sans pitié, voir éteindre les jours
D'un objet si charmant, sans lui donner secours ?
(*à Éraste.*)
Monsieur, parlez pour moi.

ÉRASTE.
Crispin, je t'en conjure,
Tâche à guérir le mal que cette belle endure.

CRISPIN.
J'immole encor pour vous tout mon ressentiment.
(*à Albert.*)
Oui, je veux la guérir, et radicalement.

ALBERT.
Quoi ! vous pourriez....

CRISPIN.
Rentrez. Je vais voir dans mon livre
Le remède qu'il est plus à propos de suivre....
Vous me verrez tantôt dans l'opération.

ALBERT.

Je ne puis exprimer mon obligation;
Mais aussi soyez sûr que mon bien et ma vie....

CRISPIN.

Allez; je ne veux rien qu'elle ne soit guérie.

SCÈNE XII.

ÉRASTE, CRISPIN.

ÉRASTE.

Que veut dire cela? Par quel heureux destin
Es-tu donc à ses yeux devenu médecin?

CRISPIN.

Ma foi, je n'en sais rien. Ce que je puis vous dire,
C'est que tantôt sa vue ayant su m'interdire,
Pour cacher mon dessein et me déguiser mieux,
J'ai dit que je cherchois des simples dans ces lieux,
Que j'avois pour tous maux des secrets admirables,
Et faisois tous les jours des cures incurables;
Et voilà justement ce qui fait son erreur.

ÉRASTE.

Il en faut profiter. Je ressens dans mon cœur
Renaître en ce moment l'espérance et la joie.
Allons nous consulter, et voir par quelle voie
Nous pourrons réussir dans nos nobles projets,
Et ferons éclater ton art et tes secrets.

CRISPIN.

Moi, je suis prêt à tout : mais il est inutile
D'entreprendre un projet sans ce premier mobile.
Nous sommes sans argent ; qui nous en donnera ?

ÉRASTE, *montrant sa lettre.*

L'amour y pourvoira.

SCÈNE XIII.

CRISPIN, *seul.*

L'amour y pourvoira !
Il semble à ces messieurs, dans leur manie étrange,
Que leurs billets d'amour soient des lettres de change.

FIN DU SECOND ACTE.

ACTE TROISIÈME.

SCÈNE I.

ÉRASTE, *seul*.

JE ne puis revenir de tout ce que j'entends.
Qu'une fille a d'esprit, de raison, de bon sens,
Quand l'amour une fois, s'emparant de son âme,
Lui peut communiquer son génie et sa flamme!
De mon côté, j'ai pris, ainsi que je le doi,
Tous les soins que l'amour peut attendre de moi.
Crispin est averti de tout ce qu'il faut faire.
Quelque secours d'argent nous seroit nécessaire.

SCÈNE II.

ALBERT, ÉRASTE.

ALBERT, *à part*.

Je ne puis demeurer en place un seul moment :
Je vais, je viens, je cours ; tout accroît mon tourment ;
Près d'elle mon esprit comme le sien se trouble :

ACTE III, SCÈNE II.

Son accès de folie à chaque instant redouble.
(à Éraste.)
Ah! monsieur, suis-je assez au rang de vos amis
Pour m'aider du secours que vous m'avez promis?
Cet homme, qui tantôt m'a vanté sa science,
Veut-il de ses secrets faire l'expérience?
En l'état où je suis, je dois tout accorder;
Et, lorsque l'on perd tout, on peut tout hasarder.

ÉRASTE.

Je me fais un plaisir de rendre un bon office:
On se doit en tout temps l'un à l'autre service.
La malade aujourd'hui m'a fait trop de pitié
Pour ne vous pas-donner ces marques d'amitié.
L'homme dont il s'agit en ces lieux doit se rendre:
J'ai voulu sur le mal le sonder et l'entendre;
Mais il m'en a parlé dans des termes si nets,
En m'en développant la cause et les effets,
Qu'en vérité je crois qu'il en sait plus qu'un autre.

ALBERT.

Quel service, monsieur, peut être égal au vôtre?
Comme le ciel envoie ici, sans y songer,
Cette honnête personne exprès pour m'obliger!

ÉRASTE.

Je ne garantis point sa science profonde.
Vous savez que ces gens, venus du bout du monde,
Pour tout genre de maux apportent des trésors:

C'est beaucoup, s'ils n'ont pas ressuscité des morts.
Mais, si l'on peut juger de tout ce qu'il peut faire
Par tout ce qu'il m'a dit, cet homme est votre affaire:
Il ne veut que la fin du jour pour tout délai.
Si vous le souhaitez, vous en ferez l'essai.
D'un office d'ami simplement je m'acquitte.

ALBERT.

Je suis persuadé, monsieur, de son mérite.
Nous voyons tous les jours de ces sortes de gens
Apprendre, en voyageant, des secrets surprenants.

SCÈNE III.

LISETTE, ÉRASTE, ALBERT.

LISETTE.

Ah ciel! vous allez voir bien une autre folie.
Si cela dure encore, il faudra qu'on la lie.

SCÈNE IV.

AGATHE, *en vieille;* LISETTE, ÉRASTE, ALBERT.

AGATHE.

Bonjour, mes doux amis : Dieu vous gard', mes enfants.
Eh bien! qu'est-ce? Comment passez-vous votre temps?
Que le ciel pour long-temps la santé vous envoie,

Vous conserve gaillards, et vous maintienne en joie !
Le chagrin ne vaut rien, et ronge les esprits.
Il faut se divertir, c'est moi qui vous le dis.

ÉRASTE.

Je la trouve charmante; et, malgré sa vieillesse,
On trouveroit encor des retours de jeunesse.

AGATHE.

Ho ! vous me regardez ! vous êtes ébaubis
De me trouver si fraîche avec des cheveux gris.
Je me porte encor mieux que tous tant que vous êtes.
Je fais quatre repas, et je lis sans lunettes;
Je sirote mon vin, quel qu'il soit, vieux, nouveau;
Je fais rubis sur l'ongle, et n'y mets jamais d'eau :
Je vide gentiment mes deux bouteilles.

LISETTE.

Peste !

AGATHE.

Oui vraiment, du champagne encor, sans qu'il en reste.
On peut voir dans ma bouche encor toutes mes dents.
J'ai pourtant, voyez-vous, quatre-vingt-dix-huit ans,
Vienne la Saint-Martin.

LISETTE.

La jeunesse est complète.

AGATHE.

Tout autant : mais je suis encore verdelette;
Et je ne laisse pas, à l'âge où me voilà,

D'avoir des serviteurs, et qui m'en content, dà.
Mais vois-tu, mon ami! veux-tu que je te dise?
Les hommes d'aujourd'hui, c'est piètre marchandise;
Ils ne valent plus rien; et pour en ramasser,
Tiens, je ne voudrois pas seulement me baisser.

ÉRASTE, *bas, à Albert.*

De ces vapeurs souvent est-elle travaillée?

ALBERT, *bas, à Éraste.*

Hélas! jamais. Il faut qu'on l'ait ensorcelée.

AGATHE.

A mon âge, je vaux encor mon pesant d'or.
Les enfants cependant m'ont fait beaucoup de tort:
Je ne paroîtrois pas la moitié de mon âge,
Si l'on ne m'avoit mise à treize ans en ménage.
C'est tuer la jeunesse, à vous en parler franc,
Que la mettre si tôt en un péril si grand.
Je ne me souviens pas d'avoir presque été fille:
A vous dire le vrai, j'étois assez gentille.
A vingt-sept ans, j'avois déjà quatorze enfants.

LISETTE.

Quelle fécondité! quatorze!

AGATHE.

Oui, tout grouillants,
Et tous garçons encor; je n'en avois point d'autres,
Et n'en voyois aucun tourné comme les nôtres.
Mais ce sont des fripons, et qui finiront mal:

ACTE III, SCÈNE IV.

Les malheureux voudroient me voir à l'hôpital.
Croiriez-vous que depuis la mort de feu leur père,
Ils m'ont jusqu'à présent chicané mon douaire ?
Un douaire gagné si légitimement !

ALBERT, *à part.*

Hélas ! peut-on plus loin pousser l'égarement ?

LISETTE, *à part.*

La friponne, ma foi, joue, à charmer, ses rôles.

AGATHE, *à Albert.*

J'aurois très grand besoin de quelque cent pistoles ;
Prêtez-les-moi, monsieur, pour subvenir aux frais,
Et pour faire juger ce malheureux procès.

ALBERT.

Tu rêves, mon enfant ; mais, pour te satisfaire,
J'avancerai les frais, et j'en fais mon affaire.

AGATHE.

Si je n'ai cet argent ce jour en mon pouvoir,
Mon unique recours sera le désespoir.

ALBERT.

Mais songe, mon enfant....

AGATHE.

      Vous êtes honnête homme ;
Ne me refusez pas, de grâce, cette somme.

ALBERT, *bas, à Éraste.*

Je veux flatter son mal.

ÉRASTE, *bas, à Albert.*

                Vous ferez sagement.
Il ne faut pas de front heurter son sentiment.

LISETTE, *bas, à Albert.*

Si vous lui résistez, elle est fille peut-être
A s'aller de ce pas jeter par la fenêtre.

ALBERT, *bas.*

D'accord.

LISETTE, *bas.*

            Il me souvient que vous avez tantôt
Reçu ces cent louis, ou du moins peu s'en faut;
Quel risque à ses désirs de vouloir condescendre?

ALBERT, *bas.*

Il est vrai qu'à l'instant je pourrai lui reprendre.
    (*haut, à Agathe.*)
Tiens, voilà cet argent : va, puissent au procès
Ces cent louis prêtés donner un bon succès!

AGATHE, *prenant la bourse.*

Je suis sûre à présent du gain de notre affaire;
Mais ce secours m'étoit tout-à-fait nécessaire.
Donne à mon procureur, Lisette, cet argent :
Je crois qu'à me servir il sera diligent.

LISETTE.

Il n'y manquera pas.

ÉRASTE.

            Comptez aussi, madame,

ACTE III, SCÈNE IV.

Que je veux vous servir, et de toute mon âme.
AGATHE.
Je reviens sur mes pas en habit plus décent,
Pour aller avec vous, dans ce besoin pressant,
Solliciter mon juge, et demander justice.
    (*à Albert,*)
Adieu. Qu'un jour le ciel vous rende ce service!
Qu'une veuve est à plaindre, et qu'elle a de tourments
Quand elle a mis au jour de méchants garnements!

SCÈNE V.

LISETTE, ÉRASTE, ALBERT.

LISETTE, *bas, à Éraste, lui remettant la bourse.*
Voilà de quoi, monsieur, avancer votre affaire.
         ÉRASTE, *bas, à Lisette.*
J'aurai soin du procès; je sais ce qu'il faut faire.
     ALBERT, *à Lisette qui sort.*
Prends bien garde à l'argent.
           LISETTE.
                    N'ayez point de chagrin;
J'en réponds corps pour corps : il est en bonne main.

SCÈNE VI.

ALBERT, ÉRASTE.

ALBERT.
Vous voyez à quel point cette folie augmente.
Votre homme ne vient point, et je m'impatiente.
ÉRASTE.
Je ne sais qui l'arrête ; il devroit être ici.
Mais je le vois qui vient ; n'ayez plus de souci.

SCÈNE VII.

ALBERT, ÉRASTE, CRISPIN.

ALBERT, *à Crispin.*
Eh ! monsieur, venez donc. Avec impatience
Tous deux nous attendons ici votre présence.
CRISPIN.
Un savant philosophe a dit élégamment :
« Dans tout ce que tu fais hâte-toi lentement. »
J'ai depuis peu de temps pourtant bien fait des choses,
Pour savoir si le mal dont nous cherchons les causes,
Réside dans la basse ou haute région :
Hippocrate dit oui, mais Galien dit non ;
Et, pour mettre d'accord ces deux messieurs ensemble,
Je n'ai pas pour venir trop tardé, ce me semble.

ACTE III, SCÈNE VII.

ALBERT.
Vous voyez donc, monsieur, d'où procède son mal?
CRISPIN.
Je le vois aussi net qu'à travers un cristal.
ALBERT.
Tant mieux. Vous saurez que, depuis tantôt, la belle
Sent toujours de son mal quelque crise nouvelle :
En ces lieux écartés n'ayant nuls médecins,
Monsieur m'a conseillé de la mettre en vos mains.
CRISPIN.
Sans doute elle seroit beaucoup mieux dans les siennes;
Mais j'espère employer utilement mes peines.
ALBERT.
Vous avez donc guéri de ces maux quelquefois?
CRISPIN.
Moi? si j'en ai guéri? Ah! vraiment, je le crois.
Il entre dans mon art quelque peu de magie :
Avec trois mots qu'un Juif m'apprit en Arabie,
Je guéris une fois l'infante de Congo,
Qui vraiment avoit bien un autre vertigo.
Je laisse aux médecins exercer leur science
Sur les maux dont le corps ressent la violence :
Mais l'objet de mon art est plus noble; il guérit
Tous les maux que l'on voit s'attaquer à l'esprit.
Je voudrois qu'à la fois vous fussiez maniaque,
Atrabilaire, fou, même hypocondriaque,

Pour avoir le plaisir de vous rendre demain
Sage comme je suis, et de corps aussi sain.

ALBERT.

Je vous suis obligé, monsieur, d'un si grand zèle.

CRISPIN.

Sans perdre plus de temps, entrons chez cette belle.

ALBERT, *l'arrêtant.*

Non, s'il vous plaît, monsieur, il n'en est pas besoin;
Et de vous l'amener je vais prendre le soin.

SCÈNE VIII.

ÉRASTE, CRISPIN.

ÉRASTE.

Tout va bien. La fortune à nos vœux s'intéresse.
Agathe, en ton absence, avec un tour d'adresse,
A su tirer d'Albert ces cent louis comptants.

CRISPIN.

Comment donc ?

ÉRASTE.

Tu sauras le tout avec le temps.
Nous avons maintenant, sans chercher davantage,
De quoi sauver Agathe, et nous mettre en voyage,
Pourvu qu'un seul moment nous puissions écarter
Ce malheureux Albert qui ne la peut quitter :
Tant qu'il suivra ses pas, nous ne saurions rien faire.

ACTE III, SCÈNE VIII.

CRISPIN.

Reposez-vous sur moi, je réponds de l'affaire.
Vous avez de l'esprit, je ne suis pas un sot,
Et la fausse malade entend à demi-mot.

ÉRASTE.

J'imagine un moyen des plus fous; mais qu'importe?
La pièce en vaudra mieux, plus elle sera forte.
Il faut convaincre Albert qu'avec de certains mots,
Ainsi que tu l'as dit déjà fort à propos,
Tu pourrois la guérir de cette maladie,
Si quelque autre vouloit prendre la frénésie.
Je m'offrirai d'abord à tout événement.
Laisse-moi faire après le reste seulement :
Va; si de belle peur le vieillard ne trépasse,
Il faudra pour le moins qu'il nous quitte la place.

CRISPIN.

Mais comment voulez-vous qu'Agathe à ce dessein,
Sans en avoir rien su, puisse prêter la main?

ÉRASTE.

Je l'instruirai de tout, je t'en donne parole.
Mais songe seulement à bien jouer ton rôle;
Et, lorsque dans ces lieux Agathe reviendra,
Amuse le vieillard du mieux qu'il se pourra,
Pour me donner le temps d'expliquer ce mystère,
Et lui dire en deux mots ce qu'elle devra faire.
Albert ne peut tarder. Mais je le vois qui sort.

SCÈNE IX.

LISETTE, ÉRASTE, ALBERT, CRISPIN.

CRISPIN, *à part.*

Dieu conduise la barque, et la mette à bon port !

ALBERT.

Ah ! messieurs, sa folie à chaque instant augmente;
Un transport martial à présent la tourmente.
De l'habit dont jadis elle couroit le bal
Elle s'est mise en homme, en cet accès fatal.
Elle a pris aussitôt un attirail de guerre,
Un bonnet de dragon, un large cimeterre.
Elle ne parle plus que de sang, de combats :
Mon argent doit servir à lever des soldats;
Elle veut m'enrôler.

SCÈNE X.

ALBERT, ÉRASTE, AGATHE, LISETTE, CRISPIN.

AGATHE, *en justaucorps, avec un bonnet de dragon.*

Morbleu, vive la guerre !
Je ne puis plus rester inutile sur terre.

(*à Éraste.*)

Mon équipage est prêt. Ah ! marquis, en ce lieu

Je te trouve à propos, et viens te dire adieu.
J'ai trouvé de l'argent pour faire ma campagne;
Et cette nuit enfin je pars pour l'Allemagne.

ALBERT.

Ciel! quel égarement!

AGATHE.

Parbleu, les officiers
Sont malheureux d'avoir affaire aux usuriers;
Pour tirer de leurs mains cent mauvaises pistoles,
Il faut plus s'intriguer, et plus jouer de rôles!
Celui qui m'a prêté son argent, je le tien
Pour le plus grand coquin, le plus Juif, le plus chien,
Que l'on puisse trouver en affaires pareilles;
Je voudrois que quelqu'un m'apportât ses oreilles.
Enfin me voilà prêt d'aller servir le roi;
Il ne tiendra qu'à toi de partir avec moi.

ÉRASTE.

Partout où vous irez je suis de la partie.

(bas, à Albert.)

Il faut avec prudence entrer dans sa manie.

AGATHE.

Je quitte avec plaisir l'étendard de l'Amour :
Je puis sous ses drapeaux aller loin quelque jour;
J'ai mille qualités, de l'esprit, des manières,
Je sais l'art de réduire aisément les plus fières :
Mais quoi! que voulez-vous? je ne suis point leur fait;

Le beau sexe sur moi ne fit jamais d'effet.
La gloire est mon penchant, cette gloire inhumaine
A son char éclatant en esclave m'enchaîne.
Ce pauvre sexe meurt et d'amour et d'ennui,
Sans que je sois tenté de rien faire pour lui.
Plus de délais; je cours où la gloire m'appelle.
(à Crispin.)
Amène mes chevaux. L'occasion est belle,
Partons, courons, volons.
(Éraste parle bas à Agathe.)

CRISPIN, à Albert.

Je ne la quitte pas,
Et suis prêt à la suivre au milieu des combats.
(Albert surprend Éraste parlant bas à Agathe.)

ÉRASTE, à Albert.

J'examinois ses yeux. A ce qu'on peut comprendre,
Quelque accès violent sans doute va la prendre,
Lequel sera suivi d'un assoupissement:
Ordonnez qu'on apporte un fauteuil vitement.

AGATHE.

Qu'il me tarde déjà d'être au champ de la gloire,
D'aller aux ennemis arracher la victoire !
Que de veuves en deuil ! que d'amantes en pleurs !
Enfants, suivez-moi tous ; ranimez vos ardeurs :
Je vois dans vos regards briller votre courage ;
Que tout ressente ici l'horreur et le carnage.

ACTE III, SCÈNE X.

La baïonnette au bout du fusil. Ferme ; bon ;
Frappez. Serrez vos rangs ; percez cet escadron.
Les coquins n'oseroient soutenir votre vue.
Ah ! marauds, vous fuyez ! Non, point de quartier ; tue.
(*Elle tombe comme évanouie dans un fauteuil.*)

CRISPIN.

En peu de temps voilà bien du sang répandu.

ALBERT.

Sans espoir de retour elle a l'esprit perdu.

CRISPIN.

Tout se prépare bien ; je la vois qui repose.
(*Il parle à l'écart à Albert, tandis qu'Éraste parle
bas à Agathe.*)
Son mal, à mon avis, ne provient d'autre chose
Que d'une humeur contrainte, un esprit irrité,
Qui veut avec effort se mettre en liberté.
Quelque démon d'amour a saisi son idée.

LISETTE.

Comment ! la pauvre fille est-elle possédée ?

CRISPIN.

Ce démon violent, dont il faut la sauver,
Est bien fort, et pourroit dans peu nous l'enlever.
Si j'avois un sujet, dans cette maladie,
En qui je fisse entrer cet esprit de folie,
Je vous répondrois bien....

ALBERT.

Lisette est un sujet
Qui, sans aller plus loin, vous servira d'objet.

LISETTE.

Je vous baise les mains, et vous donne parole
Que je n'en ferai rien; je ne suis que trop folle.

ÉRASTE, *à Crispin.*

Hâtez-vous donc : son mal augmente à chaque instant.

CRISPIN.

Malepeste! ceci n'est pas un jeu d'enfant.
On ne sauroit agir avec trop de prudence.
Quand dans le corps d'un homme un démon prend sé
Je puis, sans me flatter, l'en tirer aisément ;
Mais dans un corps femelle il tient bien autrement.

ÉRASTE, *à Albert.*

Pour savoir aujourd'hui jusqu'où va sa science,
Je veux bien me livrer à son expérience.
Je commence à douter de l'effet : et je croi
Qu'il s'est voulu moquer et de vous et de moi.
Je veux l'embarrasser.

CRISPIN.

Moi, je veux vous confondre,
Et vous mettre en état de ne pouvoir répondre.
Mettez-vous auprès d'elle. Eh! non; comme cela,
Un genou contre terre, et vous tenez bien là,
Toujours sur ses beaux yeux votre vue assurée,

ACTE III, SCÈNE X.

Votre main dans la sienne étroitement serrée.
(*à Albert.*)
Ne consentez-vous pas qu'il lui donne la main,
Pour que l'attraction se fasse plus soudain?

ALBERT.

Oui, je consens à tout.

CRISPIN.

Tant mieux. Sans plus attendre
Vous verrez un effet qui pourra vous surprendre.
(*Il fait quelques cercles avec sa baguette sur les deux amants, en disant :*)

MICROC, SALAM, HYPOCRATA.

AGATHE, *se levant de son fauteuil.*

Ciel! quel nuage épais se dissipe à mes yeux!

ÉRASTE, *se levant.*

Quelle sombre vapeur vient d'obscurcir ces lieux!

AGATHE.

Quel calme en mon esprit vient succéder au trouble!

ÉRASTE.

Quel tumulte confus dans mes sens se redouble!
Quels abîmes profonds s'entr'ouvrent sous mes pas!
Quel dragon me poursuit! Ah! traître, tu mourras!
D'un monstre tel que toi je veux purger le monde.
(*Il poursuit Albert l'épée à la main.*)

CRISPIN, *se mettant au-devant d'Éraste, à Albert.*

Ah! monsieur, évitez sa rage furibonde;

Sauvez-vous, sauvez-vous.

ÉRASTE.

Laissez-moi de son flanc
Tirer des flots mêlés de poison et de sang.

CRISPIN, *retenant Éraste*.

Aux accès violents dont son cœur se transporte
Je vois que j'ai donné la dose un peu trop forte.

ÉRASTE.

Je le veux immoler à ma juste fureur.

CRISPIN, *de même*.

N'auriez-vous point chez vous quelque forte liqueur,
De bon esprit de vin, des gouttes d'Angleterre,
Pour calmer cet esprit, et ces vapeurs de guerre ?
Il s'en va m'échapper.

ALBERT, *tirant sa clef*.

Oui, j'ai ce qu'il lui faut.
Lisette, tiens ma clef ; va, cours vite là-haut ;
Prends la fiole où….

LISETTE.

Je crains, en ce désordre extrême,
De faire un quiproquo ; vous feriez mieux vous-même.

CRISPIN, *de même*.

Courez donc au plus tôt. Laisserez-vous périr
Un homme qui pour vous s'est offert à mourir ?

LISETTE, *poussant Albert*.

Allez vite ; allez donc.

ALBERT, *sortant.*
Je reviens tout à l'heure.

SCÈNE XI.

ÉRASTE, AGATHE, LISETTE, CRISPIN.

ÉRASTE.

Ne perdons point de temps, quittons cette demeure.
Ce bois nous favorise; Albert ne saura pas
De quel côté l'amour aura tourné nos pas.

AGATHE.

Je mets entre vos mains et mon sort et ma vie.

LISETTE.

Vive, vive Crispin! et *vivat* la folie!
Allons courir les champs, pour remplir notre sort;
Et le laissons tout seul exhaler son transport.

SCÈNE XII.

ALBERT, *seul, tenant une fiole.*

J'apporte un élixir d'une force étonnante....
Mais je ne vois plus rien. Quel soupçon m'épouvante!
Lisette! Agathe! O ciel! tout est sourd à mes cris.
Que sont-ils devenus? Quel chemin ont-ils pris?
Au voleur! à la force! au secours! Je succombe.
Où marcher? où courir? Je chancelle; je tombe.

Par leur feinte folie ils m'ont enfin séduit ;
Et moi seul en ce jour j'avois perdu l'esprit !
Voilà de mon amour la suite ridicule.
Ah ! maudite bouteille ! et vieillard trop crédule !
Allons, suivons leurs pas ; ne nous arrêtons plus.
Traîtres de ravisseurs, vous serez tous pendus.
Et toi, sexe trompeur, plus à craindre sur terre
Que le feu, que la faim, que la peste et la guerre,
De tous les gens de bien tu dois être maudit :
Je te rends pour jamais au diable qui te fit.

FIN DES FOLIES AMOUREUSES.

DÉMOCRITE,

COMÉDIE

EN CINQ ACTES, ET EN VERS.

PERSONNAGES.

DÉMOCRITE.
AGÉLAS, roi d'Athènes.
AGÉNOR, prince d'Athènes.
ISMÈNE, princesse promise à Agélas.
STRABON, suivant de Démocrite.
CLÉANTHIS, suivante d'Ismène.
CRISÉIS, crue fille de Thaler.
THALER, paysan.
UN INTENDANT.
UN MAÎTRE-D'HÔTEL.
OFFICIERS DU ROI.
LAQUAIS.

La scène est à Athènes.

DÉMOCRITE,

COMÉDIE.

ACTE PREMIER.

Le théâtre représente un désert, et une caverne dans l'enfoncement.

SCÈNE I.

STRABON, *seul.*

Que maudit soit le jour où j'eus la fantaisie
D'être valet de pied de la philosophie!
Depuis près de deux ans je vis en cet endroit,
Mal vêtu, mal couché, buvant chaud, mangeant froid.
Suivant de Démocrite, en cette solitude,
Ce n'est qu'avec les ours que j'ai quelque habitude :
Pour un homme d'esprit comme moi, ce sont gens
Fort mal morigénés, et peu divertissants.
Quand je songe d'ailleurs à la méchante femme

Dont j'étois le mari.... Dieu veuille avoir son âme!
Je la crois bien défunte ; et , s'il n'étoit ainsi,
Le diable n'eût manqué de l'apporter ici.
Depuis vingt ans et plus , son extrême insolence
Me fit quitter Argos, le lieu de ma naissance :
J'erre depuis ce temps de climats en climats;
Et j'ai dans ce désert enfin fixé mes pas.
Quelques maux que j'endure en ce lieu solitaire,
Je me tiens trop heureux d'avoir pu m'en défaire;
Et je suis convaincu que nombre de maris
Voudroient de leurs moitiés se voir loin à ce prix.
Thaler vient. Le manant, pour notre subsistance,
Chaque jour du village apporte la pitance.
Il nous fait bien souvent de fort mauvais repas;
Il faut prendre ou laisser, et l'on ne choisit pas.

SCÈNE II.

STRABON, THALER.

THALER, *portant une sporte de jonc, et une grosse bouteille garnie d'osier.*

Bonjour, Strabon.

STRABON.
Bonjour.
THALER.
Voici votre ordinaire.

STRABON.

Bon ; tant mieux. Aujourd'hui ferons-nous bonne chère ?
Depuis deux ans je jeûne en ce désert maudit.
Un jeûne de deux ans cause un rude appétit.

THALER.

Morgué, pour aujourd'hui j'ons tout mis par écuelle ;
Et c'est pis qu'une noce.

STRABON.

      Ah ! la bonne nouvelle !

THALER.

Voici dans mon panier des dattes, des pignons,
Des noix, des raisins secs, et quantité d'oignons.

STRABON.

Quoi ! toujours des oignons ? Esprit philosophique,
Que vous coûtez de maux à ce cadavre étique !

THALER.

Je vous apporte aussi cette bouteille d'iau,
Que j'ai prise en passant dans le plus clair ruissiau.

STRABON.

Une bouteille d'eau ! le breuvage est ignoble.
Ce n'est donc pas chez vous un pays de vignoble ?
Tout est-il en oignons ? n'y croît-il point de vin ?

THALER.

Oui-dà ; mais Démocrite, habile médecin,
Dit que du vin, surtout, on doit faire abstinence,
Quand on veut mourir tard.

STRABON.

      Ah ciel! quelle ordonnance!
C'est mourir tous les jours que de vivre sans vin.
Mais laisse Démocrite achever son destin :
C'est un homme bizarre, ennemi de la vie,
Qui voudroit m'immoler à la philosophie,
Me voir comme un fantôme; et, quand tu reviendras,
De grâce, apporte-m'en le plus que tu pourras;
Mais du meilleur au moins, car c'est pour un malade;
Et je boirai pour toi la meilleure rasade.
Entends-tu, mon enfant?

THALER.

      Je n'y manquerai pas.

STRABON.

Où donc est Criséis qui suit partout tes pas?
J'aime encore le sexe.

THALER.

      Elle est, morgué, gentille;
Et Démocrite....

STRABON.

     Étant, comme je crois, ta fille,
Ayant de plus tes traits, et cet air si charmant,
Elle ne peut manquer de plaire assurément.

THALER.

Oh! ce sont des effets de votre complaisance.
Mais elle n'est pas tant ma fille que l'on pense.

STRABON.

Comment donc?

THALER.

Bon! qui sait d'où je venons tretous?

STRABON.

C'est donc la mode aussi d'en user parmi vous
Comme on fait à la ville, où l'on voit d'ordinaire
Qu'on ne se pique pas d'être enfant de son père?

THALER.

Suffit, je m'entends bian. Mais enfin m'est avis
Que votre Démocrite en tient pour Criséis.

STRABON.

Pour Criséis?...

THALER.

Il a l'âme un tantet férue.

STRABON.

Bon! bon!

THALER.

Je vous soutiens que je ne suis pas grue;
Je flaire un amoureux, voyez-vous, de cent pas.
Je vois qu'il est fâché quand il ne la voit pas.

STRABON.

Il est tout occupé de la philosophie.

THALER.

Qu'importe? quand on voit une fille jolie....
Le diable est bien malin, et fait souvent son coup.

STRABON.

Parbleu, je le voudrois, m'en coûtât-il beaucoup.

THALER.

Mais vous, qui près de lui passez ainsi la vie,
Que diantre faites-vous tout le jour?

STRABON.

Je m'ennuie;
Voilà tout mon emploi.

THALER.

Bon! vous vous moquez bien;
Eh! peut-on s'ennuyer lorsque l'on ne fait rien?

STRABON.

Animé d'une ardeur vraiment philosophique,
Je m'étois figuré que, dans ce lieu rustique,
Je serois affranchi du commerce des sens,
Et n'aurois pour mon corps nuls soins embarrassants;
Qu'entièrement défait de femme et de ménage,
Les passions sur moi n'auroient nul avantage :
Mais je me suis trompé, ma foi, bien lourdement;
Le corps contre l'esprit regimbe à tout moment.

THALER.

Et que fait Démocrite en cette grotte obscure?

STRABON.

Il rit.

THALER.

Il rit! de quoi?

STRABON.

De l'humaine nature.
Il soutient, par raisons, que les hommes sont tous
Sots, vains, extravagants, ridicules, et fous.
Pour les fuir, tout le jour il est dans sa caverne;
Et la nuit, quand la lune allume sa lanterne,
Nous grimpons l'un et l'autre au sommet des rochers,
Plus élevés cent fois que les plus hauts clochers;
Aux astres, en ces lieux, nous rendons nos visites.
Nous voyons Jupiter avec ses satellites;
Nous savons ce qui doit arriver ici-bas;
Et je m'instruis pour faire un jour des almanachs.

THALER.

Des almanachs! morgué, j'en voudrois savoir faire.

STRABON.

Eh bien! changeons d'état; ce n'est pas une affaire :
Demeure dans ces lieux, et moi j'irai chez toi.
Tu deviendras savant : tu sauras, comme moi,
Que rien ne vient de rien, et que des particules....
Rien ne retourne en rien; de plus, les corpuscules....
Les atomes, d'ailleurs, par un secret lien,
Accrochés dans le vide.... Entends-tu bien?

THALER.

Fort bien.

STRABON.

Que l'âme et que l'esprit n'est qu'une même chose;

Et que la vérité, que chacun se propose,
Est dans le fond d'un puits.

THALER.

Elle peut s'y cacher;
Je ne crois pas, tout franc, que j'aille l'y chercher.

STRABON.

Mais, raillerie à part, achète mon office;
Tu pourras dès ce jour entrer en exercice :
J'en ferai bon marché.

THALER.

C'est bien l'argent, ma foi,
Qui nous arrêteroit! J'ai, si je veux, de quoi
Faire aller un carrosse, et rouler à mon aise.

STRABON.

Et comment as-tu fait cela, ne te déplaise?

THALER.

Comment? je le sais bian, il suffit.

STRABON.

Mais encor?
Aurois-tu par hasard trouvé quelque trésor?

THALER.

Que sait-on?

STRABON.

Un trésor! En quel lieu peut-il être?
Dis-moi.

THALER.

Bon! queuque sot!... Vous jaseriez peut-être.

STRABON.

Non, ma foi.

THALER.

Votre foi?

STRABON.

Je veux être un maraud,
Si....

THALER.

Vous me promettez?...

STRABON.

Parle donc au plus tôt.
Est-il loin d'ici?

THALER, *tirant un riche bracelet.*

Non; le voilà dans ma poche.

STRABON, *à part.*

Le coquin dans le bois a volé quelque coche.
(*à Thaler.*)
Juste ciel! d'où te vient ce bijou plein de feu?

THALER.

De notre femme.

STRABON.

Ah! ah! de ta femme! à quel jeu
L'a-t-elle donc gagné?

DÉMOCRITE.

THALER.
Bon ! est-ce mon affaire ?

SCÈNE III.

DÉMOCRITE, STRABON, THALER.

THALER.

Mais Démocrite vient : motus ; il faut se taire.
DÉMOCRITE, *à part*.
Suivant les anciens, et ce qu'ils ont écrit,
L'homme est, de sa nature, un animal qui rit ;
Cela se voit assez : mais, pour moi, sans scrupule,
Je veux le définir animal ridicule.
STRABON, *à Thaler*.
Ce début n'est pas mal.
DÉMOCRITE, *à part*.
Il est, à tout moment,
La dupe de lui-même et de son changement.
Il aime, il hait ; il craint, il espère ; il projette ;
Il condamne, il approuve ; il rit, il s'inquiète ;
Il se fâche, il s'apaise ; il évite, il poursuit ;
Il veut, il se repent ; il élève, il détruit :
Plus léger que le vent, plus inconstant que l'onde,
Il se croit en effet le plus sage du monde ;
Il est sot, orgueilleux, ignorant, inégal ;
Je puis rire, je crois, d'un pareil animal.

ACTE I, SCÈNE III.

STRABON, *à Démocrite*.

Dans ce panégyrique où votre esprit s'aiguise,
La femme, s'il vous plaît, n'est-elle pas comprise ?

DÉMOCRITE.

Oui, sans doute.

STRABON.

En ce cas, je suis de votre avis.

DÉMOCRITE, *à Thaler*.

Ah ! vous voilà, bon homme ! Où donc est Criséis ?

THALER.

Je l'attendois ici ; j'en ai le cœur en peine :
Elle s'est amusée au bord de la fontaine.
Elle tarde ; cela commence à me fâcher :
Elle viendra bientôt, car je vais la charcher.

SCÈNE IV.

DÉMOCRITE, STRABON.

STRABON.

Nous sommes, dans ces lieux, à l'abri des visites
Des sots écornifleurs et des froids parasites ;
Car je ne pense pas que nul d'entre eux jamais
Y puisse être attiré par l'odeur de nos mets.
Voudriez-vous tâter, dans cette conjoncture,
D'un repas apprêté par la seule nature ?

(*Il tire son dîner.*)

DÉMOCRITE.

Toujours boire et manger! Carnassier animal,
C'est bien fait; suis toujours ton appétit brutal.
Le corps, ce poids honteux où l'âme est asservie,
T'occupera-t-il seul le reste de ta vie?

STRABON.

Quand je nourris le corps, l'esprit s'en porte mieux.

DÉMOCRITE.

Ame stupide et grasse!

STRABON.

                Elle est grasse à vos yeux:
Mais mon corps, en revanche, est maigre, dont j'enrage.
Je suis las, à la fin, de tout ce badinage;
Et, si vous ne quittez les lieux où nous voilà,
Je serai bien contraint, moi, de vous planter là.
Je suis un parchemin; mon corps est diaphane.

DÉMOCRITE.

Va, fuis de devant moi; retire-toi, profane,
Puisque ton cœur est plein de sentiments si bas:
Assez d'autres sans toi suivront ici mes pas.
Je voulois te guérir de tes erreurs funestes,
Te mener par la main aux régions célestes,
Affranchir ton esprit de l'empire des sens:
Tu ne mérites pas la peine que je prends,
Animal sensuel, qui n'oserois me suivre!

ACTE I, SCÈNE IV.

STRABON.

Sensuel, j'en conviens; j'aime à manger pour vivre;
Mais on ne dira pas que je sois amoureux.

DÉMOCRITE.

Qu'entends-tu donc par là?

STRABON.

J'entends ce que je veux,
Et vous ce qu'il vous plaît.

DÉMOCRITE, *à part.*

Sauroit-il ma foiblesse?

(*haut.*)
Mais ce n'est pas à moi que ce discours s'adresse?

STRABON.

Êtes-vous amoureux, pour relever ce mot?

DÉMOCRITE.

Démocrite amoureux!

STRABON.

Seriez-vous assez sot
Pour donner, comme un autre, en l'erreur populaire?

DÉMOCRITE, *à part.*

Cela n'est que trop vrai.

STRABON.

Vous chercheriez à plaire,
Et feriez le galant! j'en rirois tout mon soûl.
Mais je vous connois trop; vous n'êtes pas si fou.

DÉMOCRITE.

DÉMOCRITE, *à part.*

Que je souffre en dedans! et qu'il me mortifie!

STRABON.

Vous avez le rempart de la philosophie;
Et, lorsque le cœur veut s'émanciper parfois,
La raison aussitôt lui donne sur les doigts.

DÉMOCRITE.

Il est des passions que l'on a beau combattre,
On ne sauroit jamais tout-à-fait les abattre :
Sous la sagesse en vain on se met à couvert;
Toujours par quelque endroit notre cœur est ouvert.
L'homme fait, malgré lui, souvent ce qu'il condamne.

STRABON.

Va, fuis de devant moi; retire-toi, profane,
Puisque ton cœur est plein de sentiments si bas :
Assez d'autres, sans toi, suivront ailleurs mes pas.
Animal sensuel!

DÉMOCRITE.

Quoi! tu crois donc que j'aime?

(*à part.*)

Je voudrois me cacher ce secret à moi-même.

STRABON.

Le ciel m'en garde! mais j'ai cru m'apercevoir
Que les filles vous font encor plaisir à voir.
Votre humeur ne m'est pas tout-à-fait bien connue,
Ou Criséis parfois vous réjouit la vue.

DÉMOCRITE.

D'accord : son cœur, novice à l'infidélité,
Par le commerce humain n'est point encor gâté :
La vérité se voit en elle toute pure ;
C'est une fleur qui sort des mains de la nature.

STRABON.

Vous avez fait divorce avec le genre humain,
Mais vous vous raccrochez encore au féminin.

DÉMOCRITE.

Tu te moques de moi.

SCÈNE V.

CRISÉIS, DÉMOCRITE, STRABON.

DÉMOCRITE.

Mais Criséis s'avance.
Sur son front pudibond brille son innocence.

CRISÉIS.

Je cherche ici mon père, et ne le trouve pas ;
Jusqu'assez près d'ici j'avois suivi ses pas.
Ne l'avez-vous point vu ? dites-moi, je vous prie,
Seroit-il retourné ?

DÉMOCRITE, *à part.*

Dans mon âme attendrie,
Je sens, en la voyant, la raison et l'amour,
L'homme et le philosophe agités tour à tour.

STRABON.

N'avez-vous point, la belle, en votre promenade,
Donné, sans y penser, près de quelque embuscade?
On trouve quelquefois, au milieu des forêts,
Des Sylvains pétulants, des Faunes indiscrets,
Qui, du soir au matin, vont à la picorée,
Et n'ont nulle pitié d'une fille égarée.

CRISÉIS.

Jamais je ne m'égare; et, grâce à mon destin,
Je ne rencontre point telles gens en chemin.
Je m'étois arrêtée au bord d'une fontaine
Dont le charmant murmure et l'onde pure et saine
M'invitoient à laver mon visage et mes mains.

STRABON.

C'est aussi tout le fard dont j'use les matins.

DÉMOCRITE.

Tu vois, Strabon, tu vois : c'est la pure nature;
Son teint n'est point encor nourri dans l'imposture;
Elle doit son éclat à sa seule beauté.

STRABON.

Son visage est tout neuf, et n'est point frelaté.

DÉMOCRITE, *à Criséis*.

Ce fard que vous prenez au bord d'une onde claire
Fait voir que vous avez quelque dessein de plaire.

CRISÉIS.

D'autres soins en ces lieux m'occupent tout le jour.

ACTE I, SCÈNE V.

DÉMOCRITE.
Sauriez-vous, par hasard, ce que c'est....
CRISÉIS.
Quoi ?
DÉMOCRITE.
L'amour ?
CRISÉIS.
L'amour ?
STRABON.
Oui, l'amour.
CRISÉIS.
Non.
DÉMOCRITE.
Je veux vous en instruire.
(*à part.*)
Je tremble, et je ne sais ce que je vais lui dire.
STRABON, *à part, à Démocrite.*
Quoi ! vous, qui raisonnez philosophiquement,
Qui parlez à vos sens impérativement,
Qui voyez face à face étoiles et planètes,
Une fille vous met en l'état où vous êtes !
Vous tremblez ! Allons donc ; montrez de la vigueur.
DÉMOCRITE, *à part.*
Tant de trouble jamais ne régna dans mon cœur.
(*à Criséis.*)
L'amour est, en effet, ce qu'on a peine à dire :

C'est une passion que la nature inspire,
Un appétit secret dans le cœur répandu,
Qui meut la volonté de chaque individu
A se perpétuer et rendre son espèce....

STRABON, *à part*, *à Démocrite*.

Pour un homme d'esprit vous parlez mal tendresse.

(*à Criséis.*)

L'amour, ne vous déplaise, est un je ne sais quoi,
Qui vous prend, je ne sais ni par où ni pourquoi;
Qui va, je ne sais où; qui fait naître en notre âme
Je ne sais quelle ardeur que l'on sent pour la femme;
Et ce je ne sais quoi, qui paroît si charmant,
Sort enfin de nos cœurs, et je ne sais comment.

CRISÉIS.

Vous me parlez tous deux une langue étrangère,
Et moins qu'auparavant je connois ce mystère.
L'amour n'est pas, je crois, facile à pratiquer,
Puisqu'on a tant de peine à pouvoir l'expliquer.
Mon esprit est borné; je ne veux point apprendre
Les choses qui me font tant de peine à comprendre.

STRABON.

En exerçant l'amour, vous le comprendrez mieux.

SCÈNE VI.

AGÉLAS, AGÉNOR, *tous deux en habits de chasseurs ;* DÉMOCRITE, CRISÉIS, STRABON.

STRABON.
Qui peut si brusquement nous surprendre en ces lieux ?
AGÉLAS, *à Agénor.*
Demeurons dans ce bois ; laissons aller la chasse ;
Attendons quelque temps que la chaleur se passe.
(*Il aperçoit Criséis.*)
Mais que vois-je ?
STRABON, *à part, à Démocrite et à Criséis.*
Voilà peut-être de ces gens
Qui vont par les forêts détrousser les passants.
CRISÉIS, *à part, à Strabon.*
Pour moi, je ne vois rien dans leur air qui m'étonne.
AGÉLAS, *à Agénor.*
Approchons. Que d'appas ! Ciel ! l'aimable personne !
Et comment se peut-il que ces sombres forêts
Renferment un objet si doux, si plein d'attraits ?
STRABON, *à part, à Démocrite et à Criséis.*
Tout cela ne vaut rien. Ces gens-ci, dans leur course,
Paroissent en vouloir plus au cœur qu'à la bourse.
Sauvons-nous.

DÉMOCRITE.

AGÉLAS, *à Criséis.*

Permettez qu'en ce sauvage endroit
On rende à vos appas l'hommage qu'on leur doit:
Souffrez....

DÉMOCRITE, *à Agélas.*

Plus long discours seroit fort inutile.
Vous êtes égarés du chemin de la ville;
Cela se voit assez: mais, quand il vous plaira,
Dans la route bientôt Strabon vous remettra.

AGÉLAS.

Un cerf, que nous poussons depuis trois ou quatre h
Nous a, par les détours, conduits dans ces demeure
Et j'ai mis pied à terre en ces lieux détournés....

DÉMOCRITE.

Vous êtes donc chasseurs?

AGÉLAS.

Des plus déterminés.

DÉMOCRITE.

Ah! je m'en réjouis. Prendre bien de la peine;
Se tuer, s'excéder, se mettre hors d'haleine;
Interrompre au matin un tranquille sommeil;
Aller dans les forêts prévenir le soleil;
Fatiguer de ses cris les échos des montagnes;
Passer en plein midi les guérets, les campagnes;
Dans les plus creux vallons fondre en désespérés;
Percer rapidement les bois les plus fourrés,

Ignorer où l'on va, n'avoir qu'un chien pour guide,
Pour faire fuir un cerf qu'une feuille intimide ;
Manquer la bête enfin, après avoir couru ;
Et revenir bien tard, mouillé, las, et recru,
Estropié souvent : dites-moi, je vous prie,
Cela ne vaut-il pas la peine qu'on en rie ?

AGÉNOR.

Ces occupations et ces nobles travaux
Sont les amusements des plus fameux héros ;
Et, lorsqu'à leurs souhaits ils ont calmé la terre,
Ils mêlent dans leurs jeux l'image de la guerre.

AGÉLAS.

Mais, sans trop témoigner de curiosité,
Peut-on savoir quelle est cette jeune beauté ?

STRABON.

De quoi vous mêlez-vous ?

AGÉNOR.

On ne peut voir paroître
Un si charmant objet, sans vouloir le connoître.

STRABON.

Allez courir vos cerfs, s'il vous plaît.

AGÉNOR.

Sais-tu bien
A qui tu parles là ?

STRABON.

Moi ? non, je n'en sais rien.

DÉMOCRITE.

AGÉNOR.

Sais-tu que c'est le roi?

STRABON.

Le roi! soit. Que m'importe?

AGÉNOR.

Mais voyez ce maraud, de parler de la sorte!

STRABON.

Maraud! Sachez, monsieur, que ce n'est point mon nom
Et, si vous l'ignorez, je m'appelle Strabon,
Philosophe sublime autant qu'on le peut être,
Suivant de Démocrite; et vous voyez mon maître.

AGÉLAS.

Quoi! je verrois ici cet homme si divin,
Cet esprit si vanté, ce Démocrite enfin,
Que son profond savoir jusques aux cieux élève!

STRABON.

Oui, seigneur, c'est lui-même; et voici son élève.

AGÉLAS, *à Démocrite.*

Pardonnez, s'il vous plaît, mes indiscrétions;
Je trouble avec regret vos méditations:
Mais la longue fatigue, et le chaud qui m'accable.

DÉMOCRITE.

Vous venez à propos; nous nous mettions à table;
Vous prendrez votre part d'un très frugal repas:
Mais il faut excuser; on ne vous attend pas.

STRABON, *à Agélas, lui présentant la sporte.*
Ce sera de bon cœur, et sans cérémonie.

AGÉLAS.

De manger à présent je ne sens nulle envie;
Mais je veux toutefois, sortant de ce désert,
Vous rendre le repas que vous m'avez offert.

STRABON.

Sire, vous vous moquez.

AGÉLAS.

Je veux que, dans une heure,
Vous quittiez tous les deux cette triste demeure,
Pour venir à ma cour.

DÉMOCRITE.

Qui? nous, seigneur?

AGÉLAS.

Oui, vous.

STRABON, *à part.*

Que je m'en vais manger !

AGÉLAS.

Vous viendrez avec nous.

DÉMOCRITE.

Moi, que j'aille à la cour ! Grands dieux ! qu'irois-je y faire?
Mon esprit peu liant, mon humeur trop sincère,
Ma manière d'agir, ma critique, et mes ris,
M'attireroient bientôt un monde d'ennemis.

AGÉLAS, *à Démocrite.*

Je serai votre appui, quoi qu'on dise ou qu'on fasse.
Je vous demande encore une seconde grâce;
Et votre cœur, je crois, n'y résistera pas:
C'est que ce jeune objet accompagne vos pas.
  (*à Criséis.*)
Y répugneriez-vous?

CRISÉIS.

    Je dépends de mon père:
Sans son consentement je ne saurois rien faire.
Mais j'aurois grand plaisir de le suivre en des lieux
Où l'on dit que tout rit, que tout est somptueux;
Où les choses qu'on voit sont pour moi si nouvelles,
Les hommes si bien faits!

STRABON, *à part.*

     Les femmes si fidèles!

DÉMOCRITE, *à Criséis.*

Que vous connoissez mal les lieux dont vous parlez!

CRISÉIS, *à Démocrite.*

Je les connoîtrai mieux bientôt, si vous voulez.
Vous avez sur mon père une entière puissance;
Vous n'avez qu'à parler.

DÉMOCRITE.

    Vous vous moquez, je pense!
Examinez-moi bien; ai-je, du bas en haut,
Pour être courtisan, la taille et l'air qu'il faut?

ACTE I, SCÈNE VI.

CRISÉIS.

J'attends de vos bontés cette faveur extrême :
Ne me refusez pas.

DÉMOCRITE, *à part.*

Pourquoi faut-il que j'aime !

(*à Agélas.*)

Mais, seigneur....

AGÉLAS, *à Démocrite.*

A mes vœux daignez tout accorder.
Songez qu'en vous priant j'ai droit de commander.
Je le veux.

DÉMOCRITE.

Il suffit.

AGÉLAS.

La résistance est vaine.
J'ai des gens, des chevaux, dans la route prochaine ;
Pour se rendre en ces lieux on va les avertir.
Toi, prends soin, Agénor, de les faire partir.
(*à Démocrite.*) (*à Agénor.*)
Je vous laisse. Surtout cette aimable personne....

AGÉNOR, *à Agélas.*

Qu'à mes soins diligents votre cœur s'abandonne.

SCÈNE VII.

DÉMOCRITE, AGÉNOR, THALER, CRISÉIS, STRABON.

THALER, *à Criséis.*

Morgué, je n'en puis plus ; je vous cherche partout ;
J'ai couru la forêt de l'un à l'autre bout,
Sans pouvoir....

STRABON, *à Thaler.*

Paix, tais-toi ; va plier ton bagage :
Nous allons à la cour ; on t'a mis du voyage.

THALER.

A la cour ?

STRABON.

Oui, parbleu.

THALER.

Tu te gausses de moi.

STRABON.

Non : le roi veut te voir ; il a besoin de toi.

THALER.

Pargué, j'irai fort bian, sans répugnance auqueune ;
Pourquoi non ? M'est avis que j'y ferai forteune.

AGÉNOR, *à Criséis.*

Ne perdons point de temps, suivons notre projet.

STRABON.

Partons quand vous voudrez, mon paquet est tout fait.

DÉMOCRITE.

(à part.) (à Criséis.)

Quel voyage, grands dieux! C'est à votre prière
Que je fais une chose à mon cœur si contraire.
Mais pour vous, Criséis, que ne feroit-on pas?
(à part.)
Que je sens là-dedans de trouble et de combats!

SCÈNE VIII.

STRABON, *seul*.

Adieu, forêts, rochers; adieu, caverne obscure,
Insensibles témoins des peines que j'endure;
Adieu, tigres, ours, cerfs, daims, sangliers, et loups.
Si pour philosopher je reviens parmi vous,
Je veux qu'une panthère, avec sa dent gloutonne,
Ne fasse qu'un repas de toute ma personne.
Je suis votre valet. Loin de ce triste lieu
Je vais boire et manger. Bonjour. Bonsoir. Adieu.

FIN DU PREMIER ACTE.

ACTE SECOND.

Le théâtre représente le palais d'Agélas, roi d'Athènes.

SCÈNE I.
ISMÈNE, CLÉANTHIS.

CLÉANTHIS.

Si j'avois le secret de deviner la cause
Du chagrin qu'à mes yeux votre visage expose,
De cet ennui soudain qui vous tient sous ses lois,
Nous nous épargnerions deux peines à la fois ;
Moi, de le demander, et vous, de me le dire.
Mais, puisque sans parler je ne puis m'en instruire,
Dites-moi, s'il vous plaît, depuis une heure ou deux,
Quel nuage a troublé l'éclat de vos beaux yeux,
Quel sujet vous oblige à répandre des larmes ?
Le roi plus que jamais est épris de vos charmes :
Il vous aime ; et de plus, une suprême loi
L'oblige à vous donner et sa main et sa foi :
Et quand même il romproit une si douce chaîne,

ACTE II, SCÈNE I.

Agénor est un prince assez digne d'Ismène :
Je sais qu'il vous adore, et qu'il n'ose à vos yeux,
Par respect pour le roi, faire éclater ses feux.

ISMÈNE.

Je veux bien avouer qu'un manque de couronne
Est l'unique défaut qui soit en sa personne,
Et qu'Agénor auroit tous les vœux de mon cœur
S'il étoit un peu moins sensible à la grandeur.
Mais enfin, un chagrin que je ne puis comprendre,
Ma chère Cléanthis, est venu me surprendre,
Je le chasse, il revient; et je ne sais pourquoi
Ce jour plus qu'aucun autre il cause mon effroi.

CLÉANTHIS.

On ne peut vous ôter le sceptre et la couronne,
Et le rang glorieux que le destin vous donne :
Je vous l'apprends encor, si vous ne le savez,
J'en suis un peu la cause, et vous me le devez.

ISMÈNE.

Comment ?

CLÉANTHIS.

Écoutez-moi. La reine, votre mère,
Abandonnant Argos, où mourut votre père,
Par un second hymen épousa le feu roi
Qui régnoit en ces lieux, mais avec cette loi,
Que, si d'aucun enfant il ne devenoit père,
Du trône athénien vous seriez l'héritière,

Et que son successeur deviendroit votre époux.
La reine eut une fille ; et, l'aimant moins que vous,
Elle trouva moyen de changer cette fille,
Et de mettre un enfant, pris d'une autre famille,
De même âge à peu près, mais moribond, malsain,
Et qui mourut aussi, je crois, le lendemain.
Moi, j'allai cependant, sans tarder davantage,
Porter nourrir l'enfant dans un lointain village.
Un pauvre paysan, que l'or sut engager,
De ce fardeau pour moi voulut bien se charger.
Je lui dis que de moi l'enfant tenoit naissance,
Qu'il devoit avec soin élever son enfance ;
Je lui cachai toujours son nom et son pays :
Le pâtre crut enfin tout ce que je lui dis.
Quinze ans se sont passés depuis cette aventure.
Votre mère a payé les droits à la nature ;
Et depuis ce long temps aucun mortel, je crois,
N'a pu de cette fille avoir ni vent, ni voix.

ISMÈNE.

Je sais depuis long-temps ce que tu viens de dire;
Ta bouche avoit déjà pris soin de m'en instruire;
Ce souvenir encore augmente ma terreur,
Et vient justifier le trouble de mon cœur.
N'as-tu point remarqué qu'au retour de la chasse
Le roi, rêveur, distrait, a paru tout de glace ?
Ses regards inquiets m'ont dit son embarras ;

Il sembloit m'éviter et détourner ses pas.
Ah! Cléanthis, je crains que quelque amour nouvelle
Ne lui fasse....

CLÉANTHIS.
Ah! voilà l'ordinaire querelle.
C'est une étrange chose : il faut que les amants
Soient toujours de leurs maux les premiers instruments.
Qu'un homme par hasard ait détourné la vue
Sur quelque objet nouveau qui passe dans la rue;
Qu'il ait paru rêveur, enjoué, gai, chagrin;
Qu'il n'ait pas ri, pleuré, parlé, que sais-je enfin?
Voilà la jalousie aussitôt en campagne.
D'une mouche on lui fait une grosse montagne :
C'est un traître, un ingrat; c'est un monstre odieux,
Et digne du courroux de la terre et des cieux.
Il faut aller plus doux dans le siècle où nous sommes;
On doit parfois passer quelque fredaine aux hommes,
Fermer souvent les yeux; bien entendu pourtant
Que tout cela se fait à la charge d'autant.

ISMÈNE.
Pour un cœur délicat qu'un tendre amour engage,
Un calme si tranquille est d'un pénible usage,
Toujours quelque soupçon renaît pour l'alarmer.
Ah! que tu connois mal ce que c'est que d'aimer!

CLÉANTHIS.
Oui, je me suis d'aimer parfois licenciée;

DÉMOCRITE.

J'ai fait pis, je me suis dans Argos mariée.

ISMÈNE.

Toi, mariée !

CLÉANTHIS.

Oui, moi; mais à mon grand regret.
Autant que je le puis je tiens le cas secret.
Avant que les destins, touchés de ma misère,
Eussent fixé mon sort auprès de votre mère,
J'avois fait ce beau coup; mais, à vous dire vrai,
Ce mariage-là n'étoit qu'un coup d'essai.
J'avois pris un mari brutal, jaloux, bizarre,
Gueux, joueur, débauché, capricieux, avare,
Comme ils sont presque tous : je l'ai tant tourmenté,
Excédé, maltraité, rebuté, molesté,
Qu'il m'a privée enfin de sa vue importune;
Le diable l'a mené chercher ailleurs fortune.

ISMÈNE.

Est-il mort ?

CLÉANTHIS.

Autant vaut : depuis vingt ans et plus
Qu'il a pris son parti, nous ne nous sommes vus;
Et quand même en ces lieux il viendroit à paroître,
Nous nous verrions, je crois, tous deux sans nous conno
J'ai bien changé d'état; et, lorsqu'il s'en alla,
Je n'étois qu'un enfant haute comme cela.

ACTE II, SCÈNE I.

ISMÈNE.

Ta belle humeur pourroit me sembler agréable,
Si de quelque plaisir mon cœur étoit capable.

CLÉANTHIS.

Pour chasser le chagrin, madame, où je vous voi,
Consentez, je vous prie, à venir avec moi,
Pour voir un animal qu'en ces lieux on amène,
Et que le prince a pris dans la forêt prochaine.
Il tient, à ce qu'on dit, et de l'homme et de l'ours;
Il parle quelquefois, et rit presque toujours.
On appelle cela, je pense.... un Démocrite.

ISMÈNE.

Tu rends assurément peu d'honneur au mérite.
L'animal dont tu fais un portrait non commun
Est un grand philosophe.

CLÉANTHIS.

Eh! n'est-ce pas tout un?

ISMÈNE.

Tu peux aller le voir; mais pour moi, je te prie,
Laisse-moi quelque temps tout à ma rêverie;
J'en fais mon seul plaisir. Tout ce que tu m'as dit,
Et mes jaloux soupçons, m'occupent trop l'esprit.

CLÉANTHIS.

Quelqu'un s'avance ici. Je m'en vais vous conduire,
Et reviendrai pour voir cet homme qu'on admire.

SCÈNE II.

STRABON, *seul, en habit de cour.*

Quand on a de l'esprit, ma foi, vive la cour !
C'est là qu'il faut venir se montrer au grand jour ;
Et c'est mon centre à moi. Bon vin, bonne cuisine ;
J'ai calmé les fureurs d'une guerre intestine.
J'ai d'abord pris ma part de deux repas exquis ;
Et me voilà déjà vêtu comme un marquis.
Cela me sied bien. Mais quelqu'un ici s'avance....

SCÈNE III.

THALER, *en habit de cour par-dessus son habit de paysan;* STRABON.

STRABON.
C'est Thaler. Justes dieux ! quelle magnificence !
THALER, *vers la porte d'où il sort, à des domestiques qui éclatent de rire.*
Oh, dame ! voyez-vous, tout franc, je n'aime pas
Qu'on se rie à mon nez, et qu'on suive mes pas.
Si quelqu'un vient encor se gausser davantage,
Je lui sangle d'abord mon poing par le visage.
STRABON.
D'où te vient, mon enfant, l'humeur où te voilà ?

THALER, *à Strabon.*

Morgué, je ne sais pas quelle graine c'est là.
Ils sont un régiment de diverses figures,
Jaune, gris, vard, enfin de toutes les peintures,
Qui sont tous après moi comme des possédés.
  (*allant vers la porte.*)
Palsangué, le premier....

STRABON.

C'est qu'ils sont enchantés
De voir un gentilhomme avec si bonne mine,
Un port si gracieux, une taille si fine.

THALER, *revenant à Strabon.*

Me voilà.

STRABON.

Je te vois.

THALER.

Je n'ai pas méchant air,
N'est-ce pas ?

STRABON.

Je me donne au grand diable d'enfer,
Si seigneur à la cour, dans ses airs de conquête,
Est mieux paré que toi des pieds jusqu'à la tête.

THALER.

Je suis, sans vanité, bien tourné quand je veux ;
Et j'ai, quand il me plaît, tout autant d'esprit qu'eux.
Qui fait le bel oisiau ? c'est, dit-on, le pleumage.

Notre fille est de même en fort bon équipage.
Allons, faut dire vrai, je suis content du roi;
Morguenne, il en agit rondement avec moi.
Ils m'ont bien fait dîner : c'est un plaisir extrême
D'avoir grand appétit, et l'estomac de même,
Lorsque l'on peut tous deux les contenter, s'entend.
J'ai mangé comme quatre, et j'ai trinqué d'autant.

STRABON.

Tu te trouves donc bien en cette hôtellerie?

THALER.

J'y serois volontiers tout le temps de ma vie.
L'état où je me vois me fait émerveiller :
M'est avis que je rêve, et crains de m'éveiller.

STRABON.

Malgré tes beaux habits, ton air gauche et sauvage
Tient encore à mes yeux quelque peu du village.
Plante-toi sur tes pieds : te voilà comme un sot;
L'on auroit plus d'honneur d'habiller un fagot.
Des airs développés; allons, fais-toi de fête;
Remue un peu les bras; balance-toi la tête;
De la vivacité; danse; prends du tabac :
Ne tends pas tant le dos; renfonce l'estomac.
(*Il lui donne un coup dans le dos et un autre dans
l'estomac.*)

THALER.

Oh! morgué, bellement; comme vous êtes rude!

J'ai l'estomac démis.
STRABON.
Ce n'est là qu'un prélude.
THALER.
Achevez donc tout seul.
STRABON.
Paix; Démocrite vient:
Prends d'un jeune seigneur la taille et le maintien.
THALER.
Non, morgué, je m'en vas; aussi-bien je pétille,
Mis comme me voilà, d'aller voir notre fille.

SCÈNE IV.

DÉMOCRITE, *suivi d'un* INTENDANT, *d'un* MAITRE-D'HOTEL, *et de quatre grands* LAQUAIS; STRABON.

DÉMOCRITE.
En ces lieux, comme ailleurs, je vois de toutes parts
Mille plaisants objets attirer mes regards.
Les grands et les petits, la cour comme la ville,
Pour rire à mon plaisir tout m'offre un champ fertile;
Et, me voyant aussi dans un riche palais,
Entouré d'officiers, escorté de valets,
Transporté tout d'un coup de mon séjour paisible,
Je me trouve moi-même un sujet fort risible.

Vous, qui suivez mes pas, que voulez-vous de moi?

L'INTENDANT, *à Démocrite.*

Je suis auprès de vous par l'ordre exprès du roi :
Il prétend, s'il vous plaît, m'accorder cette grâce
Que de votre intendant je prenne ici la place ;
Et je viens vous offrir mes soins et mon savoir.

DÉMOCRITE.

Mais je n'ai nulle affaire, et n'en veux point avoir.

L'INTENDANT.

C'est aussi pour cela qu'officier nécessaire,
Réglant votre maison, j'aurai soin de tout faire.
J'afferme, je reçois, je dispose des fonds,
Des valets....

DÉMOCRITE.

Ah ! tant mieux. Puisque dans les maisons
Vous avez sur les gens un pouvoir despotique,
De grâce, réformez tout ce vain domestique.
Je ne saurois souffrir toujours à mes côtés
Ces quatre grands messieurs droit sur leurs pieds plantés.

L'INTENDANT.

Il est de la grandeur d'avoir un gros cortége.

DÉMOCRITE.

Quoi! si je veux tousser, cracher, moucher, que sais-je?
Et le jour et la nuit faudra-t-il que quelqu'un
Tienne de tous mes faits un registre importun?

ACTE II, SCÈNE IV.

L'INTENDANT.

Des gens de qualité c'est l'ordinaire usage.

DÉMOCRITE.

Cet usage, à mon gré, n'est ni prudent ni sage.
Les hommes, qui souvent font tout mal à propos,
Et qui devroient cacher leur foible et leurs défauts,
Sont toujours les premiers à montrer leurs bêtises.
Pour faire à tout moment et dire des sottises,
A quoi bon, s'il vous plaît, payer tant de témoins?
Messieurs, laissez-moi seul, et trève de vos soins.
(*au Maître-d'hôtel.*)
Et vous, que vous plaît-il?

LE MAÎTRE-D'HÔTEL, *à Démocrite.*

Le prince à vous m'envoie,
Et pour maître-d'hôtel il veut que je m'emploie.

STRABON, *à part.*

Bon! voici le meilleur.

DÉMOCRITE.

C'est, entre vous et moi,
Auprès d'un philosophe un fort chétif emploi.

LE MAÎTRE-D'HÔTEL.

J'espère avec honneur remplir mon ministère;
Et vous n'aurez, je crois, nul reproche à me faire.

DÉMOCRITE.

J'en suis persuadé de reste.

DÉMOCRITE.

L'INTENDANT, *à Démocrite.*
　　　　　　　　　Ce n'est point
Parce que l'amitié l'un à l'autre nous joint;
Mais je réponds de lui, c'est un très honnête homme.
Fidèle, incorruptible, équitable, économe.
　(*bas, à Démocrite.*)
Ne vous y fiez pas, je vous en avertis.

LE MAÎTRE-D'HÔTEL, *à l'Intendant.*
Quand je ne serois pas au rang de vos amis,
Je publierois partout que l'on ne trouve guères
D'homme plus entendu que vous dans les affaires,
Plus désintéressé, plus actif, plus adroit.
　(*bas, à Démocrite.*)
Prenez-y garde au moins, car il ne va pas droit.

L'INTENDANT, *au Maître-d'hôtel.*
Monsieur, en vérité, vous êtes trop honnête.
On sait votre bon goût pour conduire une fête;
Nul n'entend mieux que vous à donner un repas,
En aussi peu de temps, sans bruit, sans embarras.
　(*bas, à Démocrite.*)
C'est un homme qui n'a l'âme ni la main nette,
Et qui gagne moitié sur tout ce qu'il achète.

LE MAÎTRE-D'HÔTEL, *à l'Intendant.*
Tout le monde connoît votre esprit éclairé
A gagner le procès le plus désespéré,
A nettoyer un bien, à liquider des dettes

Que dans une maison un long désordre a faites.
(bas, à Démocrite.)
C'est un homme sans foi, qui prend de toute main,
Et ne fait pas un bail qu'il n'ait un pot de vin.

DÉMOCRITE.

Messieurs, je suis ravi qu'en vous rendant service
Tous deux en même temps vous vous rendiez justice,
Allez, continuez, aimez-vous bien toujours,
Et servez-vous ainsi le reste de vos jours :
Cette rare amitié, cette candeur sublime,
Me fait naître pour vous encore plus d'estime.
Adieu.

SCÈNE V.

DÉMOCRITE, STRABON.

DÉMOCRITE.

Tu ne ris pas de ces deux bons amis ?
Tu peux juger, Strabon, des grands par les petits ;
De ces lâches flatteurs qui hautement vous louent,
Et dans l'occasion tout bas se désavouent ;
De ces menteurs outrés, ces caractères bas,
Qui disent tout le bien et le mal qui n'est pas.
Des faux amis du temps reconnois les manières :
Peut-être ces deux-là sont-ils des plus sincères.
Mais changeons de propos. Que dis-tu de la cour ?

STRABON.

Toutes sortes de biens. Et vous, à votre tour,
Parlez à cœur ouvert, qu'en dites-vous vous-même?

DÉMOCRITE.

Tu t'imagines bien que ma joie est extrême
D'y voir certaines gens tout fiers de leur maintien,
Qui ne déparlent pas, et qui ne disent rien;
D'y rencontrer partout des visages d'attente,
Qui n'ont que l'espérance et les désirs pour rente;
D'autres dont les dehors affectés et pieux
S'efforcent de duper les hommes et les dieux;
Des complaisants en charge, et payés pour sourire
Aux sottises qu'un autre est toujours prêt à dire;
Celui-ci qui, bouffi du rang de son aïeul,
Se respecte soi-même, et s'admire tout seul.
Je te laisse à juger si sur cette matière
J'ai pour rire à plaisir une vaste carrière.

STRABON.

Je m'en rapporte à vous.

DÉMOCRITE.

                Dans ce nouveau pays,
Dis-moi, que dit, que fait, que pense Criséis?

STRABON.

Si l'on en peut juger à l'air de son visage,
Elle se plaît ici bien mieux qu'en son village.
Elle a pris, comme moi, d'abord les airs de cour.

Elle veut déjà plaire et donner de l'amour.
DÉMOCRITE.
Que dis-tu?
STRABON.
Vous savez qu'en princesse on la traite.
Je la voyois tantôt devant une toilette
D'une mouche assassine irriter ses attraits :
Elle donne déjà le bon tour aux crochets ;
Elle montre avec art, quoique novice encore,
Une gorge timide, et qui voudroit éclore.
Agélas l'observoit d'un œil plein de désirs.
DÉMOCRITE.
Agélas?
STRABON.
Oui : parfois il poussoit des soupirs ;
Et je suis fort trompé si le roi pour la belle
Ne ressent de l'amour quelque vive étincelle.
DÉMOCRITE.
Juste ciel! quoi! déjà?...
STRABON.
L'on va vite en ces lieux ;
Et l'air de ce pays est fort contagieux.
DÉMOCRITE.
Et comment Criséis prend-elle cet hommage ?
Semble-t-elle répondre à ce muet langage ?
Montre-t-elle l'entendre ?

STRABON.

Oh! vraiment je le croi;
Elle l'entend déjà mieux que vous et que moi.
Elle a de certains yeux, de certaines manières,
Des souris attrayants, des mines meurtrières.
Oh! vive la nature!

DÉMOCRITE.

En savoir déjà tant!

STRABON.

Si le prince l'aimoit, le cas seroit plaisant.
Euh?

DÉMOCRITE.

Oui.

STRABON.

Que diriez-vous qu'un roi, cherchant à plaire,
Comme un aventurier, donnât dans la bergère?

DÉMOCRITE.

J'en rirois tout-à-fait.

STRABON.

Que nous serions heureux!
Notre fortune ici seroit faite à tous deux.
L'amour est, je l'avoue, une belle manie :
Les hommes sont bien fous; rions-en, je vous prie :
Je les trouve à présent presque aussi sots que vous.

DÉMOCRITE, *à part*.

Il ne me manquoit plus que d'être encor jaloux.

J'étouffe, et je sens là.... certain poids qui m'oppresse.

STRABON.

D'où vous vient, s'il vous plaît, cette sombre tristesse?
Du bien de Criséis n'êtes-vous pas content?
Pourquoi cet air chagrin, à vous qui riez tant?

DÉMOCRITE.

Ces feux pour Criséis me donnent quelque ombrage.
Son éducation est mon heureux ouvrage;
Elle est sous ma conduite arrivée en ces lieux,
Et j'en dois prendre soin.

STRABON.

On ne peut faire mieux.

DÉMOCRITE.

Agélas a grand tort d'employer sa puissance
A vouloir d'un enfant surprendre l'innocence,
Qui doit être en sa cour en toute sûreté.

STRABON.

C'est violer les droits de l'hospitalité.

DÉMOCRITE.

Mais il faut empêcher que cette amour n'augmente;
Et, pour mieux étouffer cette flamme naissante,
Je vais le conjurer de nous laisser partir.

STRABON.

Parlez pour vous : d'ici je ne veux point sortir;
Je m'y trouve trop bien.

SCÈNE VI.

STRABON, *seul*.

Ma foi, le philosophe
D'un feu long et discret dans son harnois s'échauffe.
Le pauvre diable en a tout autant qu'il en faut,
Et toute sa morale a, parbleu, fait le saut.
Allons sur ses pas....

SCÈNE VII.

CLÉANTHIS, STRABON.

STRABON.

Mais quelle est cette égrillarde
Qui d'un œil curieux me tourne et me regarde?

CLÉANTHIS, *à part*.

Voilà, certes, quelqu'un de ces nouveaux venus;
Et ces traits-là me sont tout-à-fait inconnus.

STRABON, *à part*.

Mon port lui paroît noble, et ma mine assez bonne.
La princesse a, je crois, dessein sur ma personne :
Il ne faut point ici perdre le jugement,
Mais en homme d'esprit tourner un compliment.

(*haut*.)

Madame, s'il est vrai, selon nos axiomes,

Que tous corps ici-bas sont composés d'atomes,
Chacun doit convenir, en voyant vos attraits,
Que le vôtre est formé d'atomes bien parfaits ;
Ces organes subtils, d'où votre esprit transpire,
Avant que vous parliez, font que je vous admire.
CLÉANTHIS.
A votre air étranger on devine aisément....
STRABON.
A mon air étranger ! parlez plus congrument.
Je suis homme de cour ; et, pour la politesse,
J'en ai, sans me vanter, de la plus fine espèce.
CLÉANTHIS.
Un esprit méprisant ne m'a point fait parler,
Et tous nos courtisans voudroient vous ressembler.
STRABON.
Je le crois.
CLÉANTHIS.
Je voulois par vous-même m'instruire
Quel sujet, quelle affaire à la cour vous attire.
STRABON.
C'est par l'ordre du roi que j'y viens aujourd'hui ;
Je suis, sans me vanter, assez bien avec lui :
Le plaisir de nous voir quelquefois nous rassemble ;
Et nous devons, je crois, ce soir, souper ensemble.
CLÉANTHIS.
C'est un honneur qu'il fait à peu de courtisans.

DÉMOCRITE.

STRABON.

D'accord; mais il sait vivre, et connoît bien ses gens,
Pour convive je suis d'une assez bonne étoffe,
Suivant de Démocrite, et garçon philosophe.

CLÉANTHIS.

On le voit, votre esprit éclate dans vos yeux.

STRABON.

Madame....

CLÉANTHIS.

Tout en vous est noble et gracieux.

STRABON.

Madame, à bout portant vous tirez la louange.
Je veux être un maraud si mes sens, en échange,
Auprès de vos appas ne sont tout stupéfaits.

CLÉANTHIS.

Peu de cœurs devant vous ont conservé leur paix.

STRABON.

Ah! madame, il est vrai qu'on est fait d'un modèle
A ne pas attaquer vainement une belle.
On sait de son esprit se servir à propos;
Se plaindre, se brouiller, écrire quatre mots;
Revenir, s'apaiser, se remettre en colère;
Faire bien le jaloux, et vouloir se défaire;
Commander à ses pleurs de sortir au besoin;
Être un jour sans manger, bouder seul en un coin;
Redoubler quelquefois de tendresses nouvelles.

Lorsque l'on sait jouer ce rôle auprès des belles,
On est bien malheureux et bien disgracié
Quand on manque à la fin d'en tirer aile ou pied.

CLÉANTHIS.

La nature en naissant vous fit l'âme sensible.

STRABON.

Le soufre préparé n'est pas plus combustible.

CLÉANTHIS.

Ainsi donc votre cœur s'est souvent enflammé ?
Vous aimiez autrefois ?

STRABON.

                 Non ; mais j'étois aimé.
Je me suis signalé par plus d'une victoire :
Mais si de vous aimer vous m'accordiez la gloire,
Vous verriez tout mon cœur, par des soins éternels,
Faire fumer l'encens au pied de vos autels.

CLÉANTHIS.

Mon bonheur seroit pur, et ma gloire trop grande
De recevoir ici vos vœux et votre offrande ;
Mais certaine raison, qui murmure en mon cœur,
M'empêche de répondre à toute votre ardeur :
J'en ai quelqu'une aussi qui me seroit contraire ;
Mais où parle l'amour, la raison doit se taire.
   (*à part.*)
Si mon traître d'époux par bonheur étoit mort....

STRABON, *à part.*

Si ma méchante femme avoit fini son sort....

CLÉANTHIS, *à part.*

Que je me serois fait un bonheur de lui plaire !

STRABON, *à part.*

Que nous aurions bientôt terminé notre affaire !

CLÉANTHIS, *à Strabon.*

Votre abord est si tendre et si persuasif....

STRABON, *à Cléanthis.*

Vous avez un aspect tellement attractif....

CLÉANTHIS.

Que d'un charme puissant on se sent ravir l'âme.

STRABON.

Qu'en vous voyant paroître aussitôt on se pâme.

CLÉANTHIS.

Je sens que ma vertu combat mal avec vous ;

(*à part.*)

Il faut nous séparer. Ah ciel ! si mon époux
Avoit été formé sur un pareil modèle,
Qu'il m'eût donné d'amour !

STRABON.

     Adieu, charmante belle
Auprès de vos appas je défends mal mon cœur.

(*à part.*)

Ah ciel ! si j'avois eu femme de cette humeur,

Quelles félicités! et qu'en sa compagnie
J'aurois avec plaisir passé toute ma vie!

SCÈNE VIII.

STRABON, *seul*.

Cela ne va pas mal : j'arrive dans la cour;
Une belle me voit, je suis requis d'amour.
Courage, mon garçon; continue : encore une,
Et te voilà passé maître en bonne fortune.

FIN DU SECOND ACTE.

ACTE TROISIÈME.

SCÈNE I.

AGÉLAS, AGÉNOR; Suite du Roi.

AGÉNOR.

Criséis, par votre ordre, en ces lieux va se rendre,
Et vous pourrez bientôt et la voir et l'entendre :
Mais, si je puis, seigneur, avec vous m'exprimer,
Votre cœur me paroît bien prompt à s'enflammer.

AGÉLAS.

Je ne te cache rien de l'état de mon âme.
Tu vis naître tantôt cette nouvelle flamme,
Sois témoin du progrès mes feux sont parvenus,
En moins d'un jour, au point de ne s'accroître plus.
J'adore Criséis; à chaque instant en elle
Je découvre, je vois quelque grâce nouvelle.
Ne remarques-tu point comme moi ses beautés?
Ses airs dans cette cour ne sont point empruntés;
Son esprit se fait voir même dans son silence :
Elle n'a rien des bois que la seule naissance.

ACTE III, SCÈNE I.

AGÉNOR.

De ces feux violents quelle sera la fin?

AGÉLAS.

Je ne sais.

AGÉNOR.

Mais, seigneur, quel est votre dessein?

AGÉLAS.

D'aimer.

AGÉNOR.

Quel sera donc le sort de la princesse?
Athènes, par un choix où chacun s'intéresse,
Vous a fait souverain sans aucune autre loi
Que d'épouser Ismène, alliée au feu roi.

AGÉLAS.

Mon cœur jusqu'à ce jour sans nulle répugnance
Suivoit de cette loi la douce violence,
Ce cœur même en secret souvent s'applaudissoit
De la nécessité que le sort m'imposoit;
Mais depuis le moment qu'une jeune bergère
M'a charmé, sans avoir nul dessein de me plaire,
Mon penchant pour Ismène aussitôt m'a quitté :
Je me sens entraîner tout d'un autre côté.

AGÉNOR, *à part*.

Ciel, qui sais mon amour, fais si bien qu'en son âme
Puisse à jamais régner cette nouvelle flamme!

(*à Agélas.*)
Ce n'est pas d'aujourd'hui que les champs et les bois
Ont produit des objets dignes des plus grands rois;
Et le sort prend plaisir d'une chaîne secrète
D'allier quelquefois le sceptre et la houlette.

AGÉLAS.

Cette inégalité, ce défaut de grandeur,
Pour Criséis encore irrite mon ardeur.

AGÉNOR.

Je ne sais ce qu'annonce une telle aventure;
Mais un des miens m'a dit qu'en changeant de parure,
Ce paysan, de joie ou de vin transporté,
A laissé dans l'habit qu'il avoit apporté,
Un bracelet d'un prix qui passe sa puissance:
On doit me l'apporter. Mais Criséis s'avance.

SCÈNE II.

CRISÉIS, THALER, AGÉLAS, AGÉNOR;
SUITE DU ROI.

THALER, *à part, à Criséis.*

Je suis trop en chagrin, je vais lui dire, moi;
Arrive qui pourra, n'importe. Je le voi:
Je m'en vais, palsangué, lui débrider ma chance.
(*à Agélas.*)
Sire, excusez l'affront de notre importunance.

AGÉLAS.

Qu'avez-vous donc?

THALER.

J'avons.... Mais c'est trop de faveur,
Sire, mettez dessus.

AGÉLAS.
Parlez.

THALER.
C'est votre honneur.

AGÉLAS.

Poursuivez. Quel sujet?

THALER.
Je ne veux point poursuivre
Si vous n'êtes couvert; je savons un peu vivre.

AGÉLAS.

Je suis en cet état pour ma commodité.

THALER.

Ah! vous pouvez vous mettre à votre liberté,
Et je ne sommes pas dignes de contredire.
Ici j'ons plus d'honneur que je ne saurois dire;
Je sons nourris, vêtus, mieux qu'à nous appartient :
Mais on nous fait un tour qui, tout franc, ne vaut rien.
C'est pis qu'un bois; vos gens n'ont point de conscience.
J'ai, dans mon autre habit, laissé par oubliance....
Avec tout mon esprit, morgué, je suis un sot.

18.

DÉMOCRITE.

AGÉLAS.

Quoi donc?

THALER.

Ils m'avont fait bian payer mon écot.

AGÉLAS.

Qui?

THALER.

Vos valets de chambre. Ah! la maudite engeance!
En me déshabillant en toute diligence,
L'un un pied, l'autre un bras (ils ont eu bientôt fait),
Ils m'ont pris un bijou, morgué, dans mon gousset:
Il est de votre honneur de les faire tous pendre.

AGÉLAS.

Ne vous alarmez point, je vous le ferai rendre;
Je veux qu'on le retrouve, et je vous en réponds.

THALER.

Tous les honnêtes gens d'ici sont des fripons :
Je sais pourtant fort bien que ce n'est pas vous, sire;
Je vous crois honnête homme, et je sais bien qu'en dire!
Mais tout chacun ici ne vous ressemble pas.

AGÉLAS, *à Agénor.*

Que l'on aille avec lui le chercher de ce pas;
Et qu'ici les plaisirs, les jeux, la bonne chère,
Suivent ces étrangers, qu'Agélas considère.

THALER.

Ah! vous êtes, seigneur, par trop considérant.

Mais, parlant par respect, l'honneur que l'on me rend
Me confond; car, tout franc, sans tant de préambule...
(*à Criséis.*)
Palsangué, te voilà comme une ridicule !
Que ne réponds-tu, toi ! je m'embrouille toujours,
Lorsque d'un compliment j'entreprends le discours.

AGÉLAS, *à Thaler.*

Allez, et n'ayez point de chagrin davantage.

THALER.

Que je suis malheureux ! j'ai fait un beau voyage !

SCÈNE III.

AGÉLAS, CRISÉIS.

AGÉLAS.

Je ne sais, Criséis, si l'éclat de ces lieux
Avec quelque plaisir peut arrêter vos yeux;
Je ne sais si la cour vous plaît, vous dédommage
De la tranquillité que l'on goûte au village :
Mais je voudrois qu'ici vous pussiez recevoir
Tout autant de plaisir que j'ai de vous y voir.

CRISÉIS.

Seigneur, de vos bontés, qu'on aura peine à croire,
Le souvenir toujours vivra dans ma mémoire ;
Et j'aurois mauvais goût si, sortant des forêts,
Je ne me plaisois pas en des lieux pleins d'attraits,

Où chacun du plaisir fait son unique affaire,
Où les dames surtout ne s'occupent qu'à plaire,
Font briller leur esprit, ont un air si charmant,
Et font de leur beauté tout leur amusement.

AGÉLAS.

Parmi les courtisans dont la foule épandue
Brille dans cette cour et s'offre à votre vue,
Ne s'en trouve-t-il point quelqu'un assez heureux
Pour pouvoir s'attirer un regard de vos yeux ?
Pourriez-vous les voir tous avec indifférence ?

CRISÉIS.

On dit qu'il ne faut point qu'avec trop de licence
Une fille s'arrête à voir de tels objets,
Et dise de son cœur les sentiments secrets.
Il en est un pourtant, si j'ose ici le dire,
Qui, d'un charme flatteur que sa présence inspire,
Se distingue aisément, et qui de toutes parts
S'attire sans effort les cœurs et les regards.

AGÉLAS.

Vous prenez du plaisir en le voyant paroître ?

CRISÉIS.

Oh ! beaucoup. A son air on voit qu'il est le maître.
Les autres, devant lui timides et défaits,
Ne paroissent plus rien, et deviennent si laids,
Qu'on ne regarde plus tout ce qui l'environne.

ACTE III, SCÈNE III.

AGÉLAS.

Aimeriez-vous un peu cette heureuse personne?

CRISÉIS.

Je ne sais point, seigneur, ce que c'est que d'aimer.

AGÉLAS.

Aucun objet encor n'a pu vous enflammer?

CRISÉIS.

Non; l'on est dans les bois d'une froideur extrême.

AGÉLAS.

Si cet heureux mortel vous disoit qu'il vous aime?...

CRISÉIS.

Qu'il m'aime! moi, seigneur? je me garderois bien,
S'il faisoit cet aveu, d'en croire jamais rien.
On parle ici, dit-on, autrement qu'on ne pense;
Il faut bien se garder.... Mais Démocrite avance.

SCÈNE IV.

DÉMOCRITE, AGÉLAS, CRISÉIS, STRABON.

AGÉLAS, *à Démocrite.*

Avec bien du plaisir je vous vois à ma cour.
Comment vous trouvez-vous de ce nouveau séjour?

DÉMOCRITE.

Fort mal.

AGÉLAS.

J'ai commandé par un ordre suprême

DÉMOCRITE.

Qu'on vous y respectât à l'égal de moi-même.

DÉMOCRITE.

Cela n'empêche pas qu'avec tout votre soin,
Seigneur, je ne voulusse être déjà bien loin.
On me croit en ces lieux placé hors de ma sphère,
Un animal venu d'une terre étrangère :
Chacun ouvre les yeux, et me prend pour un ours.
Je ne suis point taillé pour habiter les cours.
Que diroit-on de voir un homme de mon âge
Des airs d'un courtisan faire l'apprentissage ?
Non, seigneur, à tel point je ne puis m'oublier,
Ni jusqu'à cet excès descendre à me plier.
Ainsi, pour faire bien, permettez que sur l'heure
Nous allions tous revoir notre ancienne demeure :
Strabon, Criséis, moi, nous vous en prions tous.

STRABON, *à Démocrite.*

Halte là, s'il vous plaît : ne parlez que pour vous :
En ce lieu plus qu'ailleurs je suis, moi, dans ma sphère.

AGÉLAS.

Si Criséis le veut, je consens à tout faire.
(*à Criséis.*)
Parlez, expliquez-vous.

CRISÉIS.

Seigneur, l'obscurité
Conviendroit beaucoup mieux à ma simplicité :
Mais, s'il faut devant vous dire ce que l'on pense,

ACTE III, SCÈNE IV.

Ce beau lieu me retient sans nulle violence ;
Et, s'il m'étoit permis de me faire un séjour,
Je n'en choisirois point d'autre que votre cour.

STRABON, *à part.*

Quel heureux naturel ! le charmant caractère !
Je ne répondrois pas mieux qu'elle vient de faire.

DÉMOCRITE, *à Criséis.*

C'est fort bien fait ! la cour a pour vous des appas.
Quoi ! vous pourriez vous plaire en un lieu de fracas,
Où l'envie a choisi sa demeure ordinaire,
Où l'on ne fait jamais ce que l'on voudroit faire,
Où l'humeur se contraint, où le cœur se dément,
Où tout le savoir-faire est un raffinement,
Où les grands, les petits, sont d'une ardeur commune
Attelés jour et nuit au char de la fortune ?

AGÉLAS, *à Démocrite.*

La cour, qu'en ce tableau vous nous représentez,
Vous ne la prenez pas par ses plus beaux côtés.

STRABON.

Eh ! non, non.

AGÉLAS.

Quelque aigreur que cette cour vous laisse,
Convenez que toujours l'esprit, la politesse,
Le bon air naturel et le goût délicat,
Plus qu'en nul autre endroit y sont dans leur éclat.

STRABON.

Sans doute.

AGÉLAS.

Que le sexe y tient un doux empire;
Qu'on rend à la beauté les respects qu'elle attire;
Et que deux yeux charmants, tels qu'à présent j'en vois,
Peuvent prétendre ici les honneurs dus aux rois.
Mais une autre raison, que près de vous j'emploie,
Et qui vous comblera d'une parfaite joie,
Doit, malgré vos dégoûts, vous fixer à la cour.

DÉMOCRITE.

Et quelle est, s'il vous plaît, cette raison?

AGÉLAS.

L'amour.

DÉMOCRITE.

L'amour! De passions me croyez-vous capable?

AGÉLAS.

Me préserve le ciel d'un jugement semblable!

DÉMOCRITE.

Démocrite est-il homme à se laisser toucher?
(*à part.*)
Je ne le suis que trop! J'ai peine à me cacher.

AGÉLAS.

Libre de passions, dégagé de foiblesse,
Votre cœur, je le sais, se ferme à la tendresse.
Chacun ne parvient pas à cet état heureux.

ACTE III, SCÈNE IV.

C'est de moi que je parle, et je suis amoureux.

DÉMOCRITE.

Vous êtes amoureux ?

AGÉLAS.

Oui.

DÉMOCRITE.

Mais, dans cette affaire,
Ma présence, je crois, n'est pas trop nécessaire ;
Absent, comme présent, vous pouvez à loisir
Suivre les mouvements de ce tendre désir.

AGÉLAS.

J'adore Criséis, puisqu'il faut vous le dire.

STRABON, *à part.*

Ah! ah! nous y voilà.

DÉMOCRITE.

Bon! bon! vous voulez rire!
Un grand roi comme vous, au milieu de sa cour,
Voudroit-il s'abaisser à cet excès d'amour?
Que diroit, s'il vous plaît, tout votre aréopage?

AGÉLAS.

Pour me déterminer j'attends peu son suffrage.
Oui, belle Criséis, je sens pour vous un feu
Dont je fais avec joie un éclatant aveu.
Mais un cœur bien épris veut être aimé de même.
Vous ne répondez rien.

DÉMOCRITE.

CRISÉIS.

Ma surprise est extrême
D'entendre cet aveu de la bouche d'un roi :
Mon silence, seigneur, répond assez pour moi.

AGÉLAS.

Ce silence douteux à trop de maux m'expose.
(*à Démocrite.*)
Vous, qui voyez le rang que l'amour lui propose,
Secondez mes désirs, parlez en ma faveur.

DÉMOCRITE.

Moi, seigneur ?

AGÉLAS.

Oui, je veux de vous tenir son cœur :
Vos conseils ont sur elle une entière puissance ;
Vantez-lui mon amour bien plus que ma naissance.

DÉMOCRITE.

Par grâce, de ce soin, seigneur, dispensez-moi ;
Je n'ai point les talents propres à cet emploi ;
Je suis un foible agent auprès d'une maîtresse,
J'ignore le grand art qui surprend la tendresse :
Votre amour, où vos soins veulent m'intéresser,
Reculeroit, seigneur, plutôt que d'avancer.

AGÉLAS.

Non, j'attends tout de vous, je connois votre zèle.
Un soin m'appelle ailleurs ; je vous laisse avec elle.
Puis-je, pour couronner mes amoureux desseins,

Mettre mes intérêts en de meilleures mains ?
Je vous quitte.

SCÈNE V.

DÉMOCRITE, CRISÉIS, STRABON.

STRABON, *à part, à Démocrite.*
Voilà, je vous le certifie,
Un fâcheux argument pour la philosophie.
DÉMOCRITE, *à Criséis.*
Le roi me charge ici d'un fort honnête emploi ;
Et je n'attendois pas l'honneur que je reçoi.
Il vient de m'ordonner de disposer votre âme
A devenir sensible à sa nouvelle flamme :
La charge est vraiment belle ; et pour un tel dessein
Il ne me faudroit plus qu'un caducée en main.
Quels sont vos sentiments ? que prétendez-vous faire ?
CRISÉIS.
C'est de vous que j'attends un avis salutaire :
Que me conseillez-vous de faire en cas pareil ?
Car je prétends toujours suivre votre conseil.
DÉMOCRITE.
Ce que je vous conseille ?
CRISÉIS.
Oui.

DÉMOCRITE, *à part.*
Je ne sais que dire.

(*haut.*)
Suivez les mouvements que le cœur vous inspire.
CRISÉIS.
Ah! que j'ai de plaisir que cet avis flatteur
Se rapporte si bien au penchant de mon cœur!
J'étois, je vous l'avoue, en une peine extrême,
Et n'osois tout-à-fait me fier à moi-même.
Je sentois pour le prince un mouvement secret,
Et je ne savois pas si c'est bien ou mal fait;
Maintenant que je vois le parti qu'il faut prendre,
Je puis, par votre avis, suivre un penchant si tendre.
DÉMOCRITE.
Pour lui vous sentez donc cet appétit secret?...

(*à part.*)
J'ai bien peur d'être ici curieux indiscret.
CRISÉIS.
Quand le prince tantôt s'est offert à ma vue
J'ai senti dans mon cœur une flamme inconnue;
Tout ce qu'il me disoit me donnoit du plaisir;
Ma bouche a laissé même échapper un soupir:
En cessant de le voir, une tristesse affreuse
Tout d'un coup m'a rendue inquiète et rêveuse;
A son air, à ses traits j'ai pensé tout le jour.
Je l'aime, si c'est là ce qu'on appelle amour.

STRABON.

Oui, voilà ce que c'est. Peste ! quelle ignorante !
Vous êtes devenue en un jour bien savante !
Vous n'aviez pas besoin tantôt de nos leçons ;
Ni nous de nous étendre en définitions.

DÉMOCRITE.

Enfin donc vous aimez ?

CRISÉIS.

Moi ?

DÉMOCRITE.

Voilà, je vous jure,
Les symptômes d'amour que cause la nature.

CRISÉIS.

Quoi ! c'est là ce qu'on nomme amour ?

STRABON.

Et vraiment oui.

CRISÉIS.

Si j'aime, en vérité, ce n'est que d'aujourd'hui.

DÉMOCRITE.

Vous m'aviez tant promis qu'aucun homme en votre âme
N'exciteroit jamais une amoureuse flamme.

CRISÉIS.

Je n'en connoissois point ; et je les croyois tous
Tels que vous le disiez, et formés comme vous.

STRABON, *bas, à Démocrite.*

Cette sincérité devroit vous rendre sage.

DÉMOCRITE.
Je sens qu'elle a raison, et cependant j'enrage.
J'ai tort de m'emporter : reprenons désormais
L'esprit qui nous convient, rions sur nouveaux frais.
Les hommes en effet ont bien peu de prudence,
Sont bien vides de sens, bien pleins d'extravagance,
De se laisser mener par de tels animaux,
Connoissant comme ils font leur foible et leurs défauts;
Il n'en est presque point qui vingt fois en sa vie
N'ait senti les effets de quelque perfidie;
Cependant on les voit, de nouveaux feux épris,
Redonner dans le piége où l'on les a vus pris;
A grand'peine échappés de leurs derniers naufrages,
Ils vont tout de nouveau défier les orages.
Continuez, messieurs; soyez encor plus fous;
Justifiez toujours mes ris et mes dégoûts.
Ces ris dans l'avenir porteront témoignage
Que je n'ai point été la dupe de mon âge,
Et que je comprends bien que tout homme, en un mot,
Est, sans m'en excepter, l'animal le plus sot.
CRISÉIS, *à Démocrite.*
J'aime à voir que, malgré votre austère caprice,
Comme aux autres humains vous vous rendiez justice,
Je vais trouver le prince, et lui dire l'ardeur
Dont vous avez voulu parler en sa faveur.

SCÈNE VI.

DÉMOCRITE, STRABON.

STRABON.

Vous ne riez plus tant : quel chagrin vous tourmente ?
La chose me paroît cependant fort plaisante.
La peste ! quel enfant ! Pour moi, je suis surpris
Comme aux filles l'esprit vient vite en ce pays.

DÉMOCRITE.

Commerce humain, pour moi plus mortel que la peste,
Ce n'est pas sans raison que mon cœur te déteste.

SCÈNE VII.

DÉMOCRITE, STRABON, LE MAITRE-D'HOTEL.

LE MAÎTRE-D'HÔTEL.

Messieurs, servira-t-on ? le dîner est tout prêt.

STRABON.

Oui ; qu'on mette à l'instant sur table, s'il vous plaît.
Allez vite. Écoutez ; ferons-nous bonne chère ?

LE MAÎTRE-D'HÔTEL.

Vingt cuisiniers ont fait de leur mieux pour vous plaire.

DÉMOCRITE.

Vingt cuisiniers ?

DÉMOCRITE.

LE MAÎTRE-D'HÔTEL.
Autant.

DÉMOCRITE.
Mais c'est bien peu, vraiment!

LE MAÎTRE-D'HÔTEL.
Ils ont mis de leur art tout le raffinement.

DÉMOCRITE.
Qui ne riroit de voir qu'avec un soin extrême
L'homme ait inventé l'art de se tuer lui-même !
A force de ragoûts et de mets succulents
Il creuse son tombeau sans cesse avec ses dents :
Il sait le peu de jours qu'il a des destinées,
Et tâche autant qu'il peut d'abréger ses années.
Vous êtes dans votre art tous de francs assassins,
Produits par les enfers, payés des médecins;
Et si l'on agissoit en bonne politique,
On vous banniroit tous de chaque république.
(*Il sort.*)

SCÈNE VIII.

LE MAITRE-D'HOTEL, STRABON.

STRABON.
Il faut le laisser dire, aller toujours son train;
Et, si vous le pouvez, faire encor mieux demain.

FIN DU TROISIÈME ACTE.

ACTE QUATRIÈME.

SCÈNE I.
THALER, CRISÉIS.

THALER.

En jase qui voudra, j'ai fait en homme sage
De quitter bravement les bois et le village.
On a, morgué, raison, et c'est bian mon avis,
Un homme ne fait point forteune en son pays ;
Il n'y sera qu'un sot tout le temps de sa vie;
Il a biau se sentir du talent, du génie,
Être bian fait, avoir le discours bian pendu ;
Bon ! c'est, comme dit l'autre, autant de bian pardu.

CRISÉIS.

Vous avez le goût bon, je vous en félicite.

THALER.

Ici du premier coup on connoît le mérite ;
D'aussi loin qu'on me voit, on m'ôte son chapeau.

CRISÉIS.

Vous vous trouvez donc bien de ce séjour nouveau?

THALER.

Si je m'y trouve bian! je ris, je me gobarge.
Que je sommes échus dans une bonne aubarge!
Notre bijou s'en va nous être rapporté.
Notre hôte est bon vivant, disons la vérité.

CRISÉIS.

Vous ne devriez pas tenir un tel langage;
Ces termes-là, mon père, étoient bons au village:
Si l'on vous entendoit parler ainsi du roi,
On pourroit se moquer et de vous et de moi.

THALER.

Dame! je sis fâché que mon discours vous choque:
Chacun parle à sa guise, et qui voudra s'en moque.
J'ai pourtant, m'est avis, plus d'esprit que vous tous.

CRISÉIS.

Excusez si je prends cet air libre avec vous.

THALER.

Tu prétends donc apprendre à parler à ton père?

CRISÉIS.

Je ne dis pas cela pour vous mettre en colère.

THALER.

Morgué, cela m'y met. Écoute, vois-tu bian,
Dame! on n'est pas un sot, quoiqu'on ne sache rian.
Parce que te voilà de bout en bout dorée,
Ne va pas envers moi faire la mijaurée.

ACTE IV, SCÈNE I.

CRISÉIS.

Je sais trop....

THALER.

Je prétends qu'on me respecte, moi.

CRISÉIS.

Je ne manquerai point à ce que je vous doi.

THALER.

C'est bian fait; quand je parle, il faut que l'on m'écoute....

CRISÉIS.

D'accord.

THALER.

Qu'on m'esteime.

CRISÉIS.

Oui.

THALER.

Me révère....

CRISÉIS.

Sans doute.

THALER.

Or donc, pour rattraper le fil de mon discours,
Que c'est un bel emploi que de hanter les cours !
Tous ces grands monsieux-là sont des gens bien honnêtes.

CRISÉIS.

Démocrite n'est pas si charmé que vous l'êtes ;
Il voudroit bien déjà se voir loin de ces lieux.

DÉMOCRITE.

THALER.

Pourquoi donc, s'il vous plaît ?

CRISÉIS.

Tout y blesse ses yeux;
Son cœur n'est pas content : quelque soin l'embarrasse.
Il dit qu'en ce pays ce n'est rien que grimace;
Que les hommes y sont cachés et dangereux,
Et les femmes encor bien plus à craindre qu'eux;
Que ce n'est que par art qu'elles paroissent belles,
Que leur cœur....

THALER.

Ne va pas te gâter avec elles,
Ni pour quelque monsieu te prendre ici d'amour.
Elles peuvent tout faire, elles sont de la cour,
Ces madames-là. Mais j'aperçois Démocrite.

SCÈNE II.

DÉMOCRITE, CRISÉIS, THALER.

DÉMOCRITE.

Ah! te voilà, Thaler! Ta mine hétéroclite
Me réjouit l'esprit. Serviteur, Criséis.
Dans ce riche attirail, sous ces pompeux habits,
Dirois-tu que c'est là ta fille ?

THALER.

En ces matières

Tous les plus clairvoyants, ma foi, ni voyont guères.
DÉMOCRITE.
Cela lui sied fort bien ; et cet air dédaigneux,
Qu'elle a pris à la cour, lui sied encore mieux.
THALER.
Je m'en suis aperçu déjà.
CRISÉIS, *à Démocrite.*
      Je suis bien aise
Que mon air, quel qu'il soit, vous contente et vous plaise.
DÉMOCRITE, *à Criséis.*
A de plus hauts desseins vous aspirez ici,
Et me plaire n'est pas votre plus grand souci.
THALER.
Morguenne, elle auroit tort. J'entends, je veux, j'ordonne
Qu'elle vous y respecte autant que ma parsonne :
Je suis maître.... une fois.
CRISÉIS, *à Thaler.*
      Je vois avec plaisir
Vos ordres s'accorder à mon juste désir.
J'obéis de grand cœur : j'aurai toute ma vie
Un très profond respect pour la philosophie.
Pour d'autres sentiments je puis m'en dispenser,
Sans blesser mon devoir, ni sans vous offenser.

SCÈNE III.

DÉMOCRITE, THALER.

THALER.

Quelle mouche la pique ? à qui diable en a-t-elle ?
Elle a, comme cela, des vapeurs de cervelle.
Je ne sais ; mais depuis qu'elle est en ce pays,
Elle fait peu de cas de ce que je lui dis.

DÉMOCRITE.

Un soin plus important à présent la tourmente.
Auroit-on jamais cru que cette jeune plante,
Que j'avois pris plaisir d'élever de mes mains,
Eût trompé mon espoir, et trahi mes desseins ?
Agélas s'est épris, en la voyant paroître,
Du feu le plus ardent....

THALER.

Morgué, le tour est traître !

DÉMOCRITE.

La pompe de la cour, et son éclat flatteur,
Ont de ses faux brillants séduit son jeune cœur.
De son malheur prochain nous sommes les complices ;
Nous l'avons amenée au bord des précipices :
Car, sans t'en dire plus, tu t'imagines bien
Le but de cet amour.

THALER.

Oui, cela ne vaut rien.

DÉMOCRITE.

Il faut abandonner la cour tout au plus vite.

THALER.

Abandonner la cour?

DÉMOCRITE.

Oui.

THALER.

C'est un si bon gîte !
Je m'y trouve si bian !

DÉMOCRITE.

Il n'importe, il le faut.
Tu dois tirer d'ici Criséis au plus tôt;
C'est à toi que le roi fait la plus grande offense.

THALER.

Je le vois bian; pour faire ici sa manigance....
Morgué, le prince a tort de s'adresser à moi :
Il s'imagine donc que parce qu'il est roi....
Suffit, je ne dis mot.

DÉMOCRITE.

Il y va de ta gloire.

THALER.

C'est, morgué, pour cela qu'ils m'avont tant fait boire :
Mais ils n'en croqueront, ma foi, que d'une dent;
Je vais faire beau bruit. Sarviteur, stapendant.

SCÈNE IV.

DÉMOCRITE, *seul*.

Dieux, que fais-je ? Où m'emporte une indigne tendresse
Suis-je donc Démocrite ? et quelle est ma foiblesse !
Pendant que je suis seul laissons agir mon cœur,
Et tirons le rideau qui cache mon ardeur.
Depuis assez long-temps mon rire satirique
Sur les autres répand une bile cynique :
Je veux sans nuls témoins rire à présent de moi ;
Il ne faut point ailleurs aller chercher de quoi.
J'aime ! C'est bien à toi, philosophe rigide,
De sentir l'aiguillon d'une flamme perfide !
Et quel est cet objet qui t'apprend l'art d'aimer ?
Un enfant de quinze ans ! Tu prétends la charmer,
Adonis suranné ?... Mais un pouvoir suprême
Me commande, m'entraîne en dépit de moi-même.
Ah ! c'est où je t'attends, le plus lâche des cœurs !
Il te faut des chemins tout parsemés de fleurs.
Tu ne saurois saisir ces haines vigoureuses
Que sentent pour l'amour les âmes généreuses ;
Tu ne peux gourmander un penchant trop fatal,
Homme pusillanime, imbécille, brutal !
Ce n'est pas encor tout ; vois où va ta folie.
Toi, qui veux te targuer de la philosophie,

ACTE IV, SCÈNE IV.

Tu conduis Criséis.... en quels lieux? à la cour.
Ah! qu'ensemble on voit peu la prudence et l'amour!

SCÈNE V.

CLÉANTHIS, DÉMOCRITE.

DÉMOCRITE.

Mais on vient. Finissons un discours si fantasque;
Pour sauver notre honneur remettons notre masque.

CLÉANTHIS, *à part.*

On voit assez, à l'air dont il est habillé,
Que c'est l'original dont on nous a parlé.
(*haut, à Démocrite.*)
Vous, qui dans les forêts avez passé la vie,
Uniquement touché de la philosophie,
Quel noir démon vous pousse à causer notre ennui?
Et que venez-vous faire à la cour aujourd'hui?

DÉMOCRITE.

Je n'en sais vraiment rien : ce que je puis vous dire,
C'est qu'ici, malgré moi, le roi m'a fait conduire,
M'a voulu transplanter, et me faire en un jour,
De philosophe actif, un oisif de la cour.

CLÉANTHIS.

Savez-vous bien qu'ici votre face équivoque,
Et rare en son espèce, étrangement nous choque?

DÉMOCRITE.

Je le crois ; sur ce point j'ai peu de vanité ;
Et mon dessein n'est pas de plaire, en vérité.

CLÉANTHIS.

Vous auriez tort : il n'est, je veux bien vous le dire,
Prince ni galopin que vous ne fassiez rire.

DÉMOCRITE.

Pourquoi non ? c'est un droit qu'on acquiert en naissant,
Et rire l'un de l'autre est fort divertissant.

CLÉANTHIS.

Ismène ici m'envoie, et vous dit par ma bouche
Que votre aspect ici l'alarme et l'effarouche.
Le roi lui doit sa foi ; cependant, à ses yeux,
Ou sait qu'à Criséis il adresse ses vœux :
Par de lâches conseils, dont vous êtes prodigue,
C'est vous, à ce qu'on dit, qui menez cette intrigue.

DÉMOCRITE.

Moi ?

CLÉANTHIS.

Vous.... C'est une honte, à l'âge où vous voilà,
De vouloir commencer ce vilain métier-là.

DÉMOCRITE.

Le reproche est plaisant et nouveau, je vous jure;
Je ne m'attendois pas à pareille aventure.

CLÉANTHIS.

Riez !

DÉMOCRITE.
Si vous saviez l'intérêt que j'y prends,
Vous m'accuseriez peu de ces soins obligeants :
Vous me connoissez mal. C'est une chose étrange
Comme dans ce pays on prend toujours le change !
CLÉANTHIS.
Quoi ! le prince tantôt ne vous a pas commis
Le soin officieux d'attendrir Criséis ?
Et vous, n'avez-vous pas pris soin de la réduire ?
DÉMOCRITE.
Cela peut être vrai ; mais bien loin de vous nuire,
Ce jour verroit Ismène entre les bras du roi,
S'il vouloit de son choix s'en rapporter à moi ;
C'est un fait très constant.
CLÉANTHIS.
              Je veux bien vous en croire ;
Mais, pour ne point donner d'atteinte à votre gloire,
Partez.
DÉMOCRITE.
      Soit : j'ai pourtant de quoi rire à mon goût
En ces lieux plus qu'ailleurs, et des femmes surtout.
CLÉANTHIS.
Et de qui ririez-vous ?
DÉMOCRITE.
            Mais de vous la première,
De votre air. Vos habits, vos mœurs, votre manière,

DÉMOCRITE.

Tout en vous, haut et bas, est artificieux.
Pour paroître plus grande, et pour tromper les yeux,
On voit sur votre tête une longue coiffure,
Et sur de hauts patins vos pieds à la torture;
En sorte qu'en ôtant ces secours superflus
Il ne resteroit pas un tiers de femme au plus.

CLÉANTHIS.

Il nous en reste assez pour, telles que nous sommes,
Faire, quand nous voulons, bien enrager les hommes.
Mais partez, s'il vous plaît, demain avant le jour:
Vous ferez sagement; car aussi-bien la cour,
Dont vous faites toujours quelque plainte nouvelle,
Est bien lasse de vous.

DÉMOCRITE.

Et moi, bien plus las d'elle;
Et je vais de ce pas préparer avec soin
Que l'aurore en naissant m'en trouve déjà loin.

SCÈNE VI.

CLÉANTHIS, *seule.*

L'affaire est en bon train pour la princesse Ismène:
Mais pour mon compte, à moi, je suis assez en peine.
Je voudrois arrêter le disciple en ces lieux;
Il a touché mon cœur en s'offrant à mes yeux;
Son tour d'esprit me charme; il fait tout avec grâce:

Il n'est rien que pour lui de bon cœur je ne fasse.
Le ciel me le devoit, pour me récompenser
De mon premier mari. Je le vois s'avancer.

SCÈNE VII.

CLÉANTHIS, STRABON.

STRABON, *à part.*

Ouf! je suis bien guedé! Par ma foi, la science
Ne s'acquiert point du tout à force d'abstinence :
C'est mon système à moi; l'esprit croît dans le vin;
Je m'en sens déjà plus trois fois que ce matin.
Je me venge à longs traits de la philosophie.
    (*à Cléanthis.*)
Hé! vous voilà, princesse, infante de ma vie!
Vous voyez un seigneur fort satisfait de soi,
Un convive échappé de la table du roi :
Il tient bon ordinaire, et je l'en félicite.

CLÉANTHIS.

Au disciple fameux du savant Démocrite
Plus qu'à nul autre humain cet honneur étoit dû.

STRABON.

C'est un petit repas que le roi m'a rendu :
Nous nous traitons parfois.

CLÉANTHIS.

  Vous ne sauriez mieux faire,

Rien ne fait les amis comme la bonne chère,
Quoiqu'on embrasse ici les gens de tous métiers
Bien moins pour l'amour d'eux que de leurs cuisiniers.

STRABON.

Cet honneur, quoique grand, ne me toucheroit guère
Si je n'étois bien sûr du bonheur de vous plaire.
Vous aimer est un bien pour moi plus précieux
Qu'être admis à la table et des rois et des dieux.
Et l'on ne leur sert point, même en des jours de fêtes,
De morceau si friand à mon goût que vous l'êtes.

CLÉANTHIS.

N'êtes-vous point de ceux dont l'usage est connu,
Qui ne sont amoureux que quand ils ont bien bu;
A qui beaucoup de vin fait sortir la tendresse;
Qui vont en cet état aux pieds de leur maîtresse
Exhaler les transports de leurs brûlants désirs,
Et pousser des hoquets en guise de soupirs?
De nos jeunes seigneurs c'est assez la manière.

STRABON.

Ma tendresse n'est point d'un pareil caractère;
Bacchus n'est pas chez moi l'interprète d'amour:
J'ai près du sexe enfin l'air de la vieille cour.
Mon cœur s'est laissé prendre en vous voyant paroître,
Et de ses mouvements n'a plus été le maître;
L'esprit, la belle humeur, la grâce, la beauté,
Tout en vous s'est uni contre ma liberté.

ACTE IV, SCÈNE VII.

CLÉANTHIS.

Ce n'est point un retour de pure complaisance
Qui me fait hasarder la même confiance,
Mais je vous avouerai qu'à vos premiers regards
Mon foible cœur s'est vu percé de toutes parts.
Je ne sais quel attrait et quel charme invisible
En un instant a pu me rendre si sensible ;
Et je n'ai point senti de transports aussi doux
Pour tout autre mortel que j'en ressens pour vous.

STRABON.

En vous réciproquant, vous êtes, je vous jure,
De ces heureux transports payée avec usure.
L'on n'a jamais senti des feux si violents
Que ceux qu'auprès de vous et pour vous je ressens.
Mais ne puis-je savoir, en voyant tant de charmes,
Quel est l'aimable objet à qui je rends les armes ?

CLÉANTHIS.

Bon ! que vous serviroit de savoir qui je suis ?
Ce nous seroit peut-être une source d'ennuis,
Après vous avoir fait l'aveu de ma foiblesse.

STRABON.

Ah ! que cette pudeur augmente ma tendresse !

CLÉANTHIS.

Je devrois bien plutôt songer à me cacher.

STRABON.

Rien de vous découvrir ne doit vous empêcher.

CLÉANTHIS.

L'homme est d'un naturel si volage et si traître....
Qui le sait mieux que moi?

STRABON.

Vous en avez peut-être
Été souvent trahie? Ici, comme en tous lieux,
La femme, à mon avis, ne vaut pas beaucoup mieux.
J'en ai, pour mes péchés, quelquefois fait l'épreuve.
Êtes-vous fille?

CLÉANTHIS.

Non.

STRABON.

Femme?

CLÉANTHIS.

Point du tout.

STRABON.

Veuve?

CLÉANTHIS.

Je ne sais.

STRABON.

Oh! parbleu, vous vous moquez de nous.
De quelle espèce donc, s'il vous plaît, êtes-vous?

CLÉANTHIS.

Je fus fille autrefois, et pour telle employée.

STRABON.

Je le crois.

ACTE IV, SCÈNE VII.

CLÉANTHIS.

A quinze ans je me suis mariée ;
Mais, depuis le long temps que sans époux je vis,
Je ne saurois passer pour femme, à mon avis ;
Ni pour veuve non plus, puisqu'en effet j'ignore
Si le mari que j'eus est mort, ou vit encore.

STRABON.

Ce discours, quoique abstrait, me paroît assez bon.
Je ne suis, comme vous, homme, veuf, ni garçon ;
Et mon sort de tout point est si conforme au vôtre,
Qu'il semble que le ciel nous ait faits l'un pour l'autre.

CLÉANTHIS, *à part.*

Homme, veuf, ni garçon !

STRABON, *à part.*

Fille, femme, ni veuve !

CLÉANTHIS, *à part.*

Le cas est tout nouveau.

STRABON, *à part.*

L'aventure est très neuve.

(*à Cléanthis.*)

Depuis quand, s'il vous plaît, vivez-vous sans époux ?

CLÉANTHIS.

Depuis près de vingt ans je goûte un sort si doux.
J'avois pris un mari fourbe, plein d'injustices,
Qui d'aucune vertu ne rachetoit ses vices,
Ivrogne, débauché, scélérat, ombrageux.

Pour sa mort je faisois tous les jours mille vœux.
Enfin le ciel plus doux, touché de ma misère,
Lui fit naître en l'esprit un dessein salutaire;
Il partit, me laissant, par bonheur, sans enfants.

STRABON.

C'est tout comme chez nous : depuis le même temps,
Inspiré par le ciel, je quittai ma patrie,
Pour fuir loin de ma femme, ou plutôt ma furie :
Jamais un tel démon ne sortit des enfers;
C'étoit un vrai lutin, un esprit de travers,
Un vieux singe en malice, insolente, revêche,
Coquette, sans esprit, menteuse, pigrièche.
A la noyer cent fois je m'étois attendu;
Mais je n'en ai rien fait de peur d'être pendu.

CLÉANTHIS.

Cette femme vous est vraiment bien obligée!

STRABON.

Bon! tout autre que moi ne l'eût point ménagée;
Elle auroit fait le saut.

CLÉANTHIS.

    Et, de grâce, en quels lieux
Aviez-vous épousé ce chef-d'œuvre des cieux?

STRABON.

Dans Argos.

CLÉANTHIS, *à part.*

Dans Argos!

STRABON.

Où la fortune a-t-elle
Mis en vos mains l'époux d'un si rare modèle ?

CLÉANTHIS.

Dans Argos.

STRABON, *à part.*
(*haut.*)

Dans Argos ! Et, s'il vous plaît, quel nom
Portoit ce cher époux ?

CLÉANTHIS.

Il se nommoit Strabon.

STRABON.

(*à part.*)
Strabon ! Haï !

CLÉANTHIS.

Pourroit-on aussi, sans vous déplaire,
Savoir quel nom portoit cette épouse si chère ?

STRABON.

Cléanthis.

CLÉANTHIS.

Cléanthis ! c'est lui.

STRABON.

C'est elle ! ô dieux !

CLÉANTHIS.

Ses traits n'en disent rien ; mais je le sens bien mieux
Au soudain changement qui se fait dans mon âme.

STRABON.

Madame, par hasard, n'êtes-vous point ma femme ?

CLÉANTHIS.

Monsieur, par aventure, êtes-vous mon époux ?

STRABON.

Il faut que cela soit; car je sens que pour vous
Dans mon cœur tout à coup ma flamme est amortie,
Et fait en ce moment place à l'antipathie.

CLÉANTHIS.

Ah ! te voilà donc, traître ! Après un si long temps,
Qui t'amène en ces lieux ? Qu'est-ce que tu prétends ?

STRABON.

M'en aller au plus tôt. Que ma surprise est forte !
Dis-moi, ma chère enfant, pourquoi n'es-tu pas morte ?

CLÉANTHIS.

Pourquoi n'es-tu pas morte ! Indigne, scélérat,
Déserteur de ménage, et maudit renégat,
Pour t'arracher les yeux....

STRABON.

Ah ! doucement, madame.

(à part.)
O pouvoir de l'hymen, quel retour en mon âme !

CLÉANTHIS, à part.

Je ressentois pour lui les transports les plus doux;
Hélas ! qu'allois-je faire ? il étoit mon époux.

(*haut.*)
Va, fuis. Que le démon, qui te prit en ton gîte
Pour t'amener ici, t'y remporte au plus vite.
Évite ma fureur; retourne dans tes bois.

STRABON.
Non, il ne faudra pas me le dire deux fois.
J'aime mieux être ermite, et brouter des racines,
Revoyager vingt ans, nu-pieds, sur des épines,
Que de vivre avec vous. Adieu.

CLÉANTHIS.
            Que je le hais!

STRABON.
Qu'elle est laide à présent, et qu'elle a l'air mauvais!

FIN DU QUATRIÈME ACTE.

ACTE CINQUIÈME.

SCÈNE I.

STRABON, *seul.*

Je suis tout confondu. Quelle étrange aventure!
Ma femme en ce pays, et dans cette figure!
La coquine aura su par quelque ami présent
Se faire consoler de son époux absent :
Mais elle n'aura pas plus long-temps l'avantage
D'anticiper les droits d'un prétendu veuvage.
J'ai fait réflexion sur son sort et le mien;
Je ne veux point quitter des lieux où je suis bien.
Assez et trop long-temps un chagrin domestique
M'a fait souffrir les maux d'un exil tyrannique;
Et, puisque mon destin m'amène en ce séjour,
Je veux sur mes foyers demeurer à mon tour.
De me voir en ces lieux si mon épouse gronde,
Elle peut à son tour aller courir le monde.

SCÈNE II.

STRABON, THALER.

THALER.

Palsangué, je commence à me mettre en souci;
Mon bijou ne vient point. Voyez-vous! ces gens-ci
Vous promettont assez; mais ils ne tenont guère.

STRABON.

Quoi?

THALER.

Vous ne savez pas ce qu'on me viant de faire?

STRABON.

Non.

THALER.

Vous avez grand tort.

STRABON.

Soit; mais je n'en sais rien.

THALER.

Vous avez vu tantôt ce bracelet?

STRABON.

Eh bien?

THALER.

Bon! ne me l'ont-ils pas déjà pris?

STRABON.

Comment diable!

DÉMOCRITE.

THALER.

Ils m'ont mis sur le corps cet habit honorable,
Disant que l'autre étoit trop ignominieux.
Je me suis vu si brave, et j'étois si joyeux,
Que je n'ai pas songé de fouiller dans ma poche;
Ils l'avont fait.

STRABON.

Le tour est digne de reproche.
Ta mémoire t'a là joué d'un vilain trait.

THALER.

On est si partroublé qu'on ne sait ce qu'on fait;
Mais le roi m'a promis de me le faire rendre :
Pour cela tout exprès je viens ici l'attendre,
Après quoi je dirons sarviteur à la cour.

STRABON.

Le serpent sous les fleurs se cache en ce séjour :
J'y viens d'en trouver un.... Mais qui peut t'y déplaire?
T'a-t-on fait quelque pièce encor?

THALER.

Tout au contraire,
C'est à qui me fera tout le plus d'amiquié :
L'un me baille un soufflet, et l'autre un coup de pied,
L'autre une croquignole; enfin chacun s'empresse
Tout du mieux qu'il le peut à me faire caresse :
On me fait plus d'honneur que je ne vaux cent fois.
J'ai vu manger le roi tout comme je te vois,

Et tout de bout en bout.

STRABON.

Tu l'as vu ?

THALER.

Face à face ;
Comme ces gros monsieux je tenois là ma place ;
Et stapendant j'avois du chagrin dans le cœur.

STRABON.

Du chagrin ! et pourquoi ?

THALER.

Morgué, j'ons de l'honneur ;
Et l'on dit qu'Agélas en veut à notre fille.

STRABON.

Voyez le grand malheur !

THALER.

Morgué, dans la famille
J'ons toujours été droit, hors notre femme, dà,
Qui faisoit jaser d'elle un peu par-ci par-là.

STRABON.

Te voilà bien malade ! Elle tient de sa mère :
Prétends-tu réformer cet usage ordinaire ?

THALER.

Ce seroit un affront.

STRABON.

Je suis en même cas,
Et l'on ne m'entend point faire tant de fracas :

C'est tant mieux, animal, si le sort favorable
Veut élever ta fille en un rang honorable.

THALER.

Tant mieux? Qui dit cela?

STRABON.

C'est moi qui te le dis.

THALER.

Les uns disent tant mieux, et les autres tant pis.
Dame! accordez-vous donc.

STRABON.

Crois-moi, n'en fais que rire.

THALER.

Si j'avois mon joyau, je les laisserois dire.

STRABON.

La fortune m'a bien joué d'un autre tour;
J'ai bien plus de sujet de me plaindre à mon tour.
Un chagrin différent s'empare de notre âme :
Tu perds ton bracelet, moi je trouve ma femme.

THALER.

Comment donc votre femme! Êtes-vous marié?

STRABON.

Hélas! mon pauvre enfant, je l'avois oublié;
Mais le diable en ces lieux (qui l'eût pu jamais croire?)
M'en a subitement rafraîchi la mémoire.

SCÈNE III.

CLÉANTHIS, STRABON, THALER.

STRABON.
Ah! la voilà qui vient; c'est elle, je la voi.
THALER.
Qu'elle a de biaux habits!
STRABON.
          Ils ne sont pas de moi.
CLÉANTHIS, *à Strabon.*
Quoi! malgré les transports dont mon âme est émue,
Oses-tu bien encor te montrer à ma vue?
Et pourquoi n'es-tu pas déjà bien loin d'ici?
STRABON.
Vous vous y trouvez bien, et moi fort bien aussi.
Si mon fatal aspect ici vous importune,
Je vous permets d'aller chercher ailleurs fortune.
CLÉANTHIS.
Où puis-je aller pour fuir un si funeste objet?
(*Thaler regarde Cléanthis avec attention.*)
STRABON.
Vous pouvez voyager vingt ans comme j'ai fait;
Ou, si de la sagesse un beau feu vous excite,
Allez dans les déserts, et suivez Démocrite:
De vous voir avec lui je serai peu jaloux.

CLÉANTHIS.

Sors vite de ces lieux, redoute mon courroux.
(à Thaler.)
As-tu bientôt assez contemplé ma figure?

THALER, à part.

J'ai quelque souvenir de cette criature.

STRABON.

C'est là que l'on apprend à corriger ses mœurs,
Et d'un flegme moral réprimer les aigreurs.

CLÉANTHIS.

Je veux, quand il me plait, moi, me mettre en colère.

THALER, à part.

C'est elle; je le vois, plus je la considère.

STRABON.

N'adoucirez-vous point cet esprit pétulant?

THALER, à part.

Voilà celle qui vint m'apporter son enfant.

CLÉANTHIS.

Ma haine, en te voyant, s'irrite dans mon âme,
Lâche, perfide époux!

THALER, à Strabon.

C'est donc là votre femme?

STRABON.

Hélas! oui.

THALER, à Cléanthis, la prenant par le bras.

Payez-moi ce que vous me devez.

ACTE V, SCÈNE III.

CLÉANTHIS.

Ce que je vous dois?

THALER.

Oui, s'il vous plaît.

CLÉANTHIS.

Vous rêvez.
Je ne vous connois point, mon ami, je vous jure.

THALER.

Je vous connois bien, moi. Quinze ans de nourriture
Pour un de vos enfants.

CLÉANTHIS.

Pour un de mes enfants?

STRABON.

Pour un de nos enfants! Ciel! qu'est-ce que j'entends?
Je n'en eus jamais d'elle; et c'est nous faire honte.

THALER, *à Strabon.*

Elle n'a pas laissé d'en avoir à bon compte.

STRABON.

D'en avoir! Justes dieux! verrai-je d'un œil sec
Le front d'un philosophe endurer tel échec?

CLÉANTHIS, *à Thaler.*

Quoi! tu pourrois, maraud, avec pareille audace,
(*à part.*)
Me soutenir?... J'ai vu quelque part cette face.

THALER, *à Cléanthis.*

Oui, je le soutiendrai. C'est, palsanguenne, vous,

Qui vint, par un matin, mettre un enfant cheux nous,
Si bian que vous disiez que vous étiez sa mère.

CLÉANTHIS.

Qui, moi ?

THALER, *à Strabon.*

Je suis ravi que vous soyez son père,
C'est un gentil enfant.

STRABON, *à Cléanthis.*

M'avoir joué ce trait,
Sans t'en avoir donné jamais aucun sujet !

CLÉANTHIS.

Vous êtes fous tous deux.

STRABON.

Me donner, infidèle,
Un enfant clandestin !... Est-il mâle ou femelle ?

THALER.

C'est une belle fille, et laquelle, ma foi,
Ne vous ressemble guère.

STRABON.

Oh ! vraiment, je le croi.

SCÈNE IV.

AGÉLAS, DÉMOCRITE, CRISÉIS, STRABON, CLÉANTHIS, THALER.

DÉMOCRITE, *à Agélas.*

Seigneur, il ne faut pas m'arrêter davantage :
Je joue en votre cour un fort sot personnage ;
Et quand vous me forcez à rester dans ces lieux
Je sais que ce n'est point du tout pour mes beaux yeux.

AGÉLAS.

Votre rare mérite en est l'unique cause.

DÉMOCRITE.

Mon mérite ! Ah ! vraiment, c'est bien prendre la chose.
Si vous le connoissiez en effet tel qu'il est,
Vous verriez qu'il n'est pas tout ce qu'il vous paroît.

AGÉLAS.

Ici votre présence est encor nécessaire.
Je veux que vous voyiez terminer une affaire ;
Après quoi vous pourrez, libres dans vos desseins,
Vous, Thaler et Strabon, chercher d'autres destins.

DÉMOCRITE.

Quelle affaire ?

AGÉLAS.

Je veux qu'un heureux mariage
Par des nœuds éternels à Criséis m'engage.

DÉMOCRITE.

THALER.
(à part.)

A ma fille ?... Morgué, ces courtisans de cour
Ont tous comme cela des vartigos d'amour.

CRISÉIS.

Il ne faut point, seigneur, surprendre ma foiblesse
Par le flatteur aveu d'une feinte tendresse.
Je connois votre rang, de plus je me connois :
Vous respecter, seigneur, est tout ce que je dois.

AGÉLAS.

Les dieux et les destins en vain par la naissance
Ont mis entre nous deux une vaste distance :
J'en appelle à l'Amour ; il est beaucoup plus fort
Que le sang, que les lois, que les dieux et le sort.
Je veux sur votre front mettre le diadème.

THALER, à Criséis.

Ne va pas t'y fier ; ce n'est qu'un stratagème.

SCÈNE V.

ISMÈNE, AGÉLAS, AGÉNOR, CRISÉIS, DÉMOCRITE, CLÉANTHIS, STRABON, THALER.

ISMÈNE, à Agélas.

Seigneur, il court un bruit que je ne saurois croire ;
Il intéresse trop mes droits et votre gloire :

J'apprends que, vous laissant séduire par l'amour,
Vous voulez épouser Criséis en ce jour.

AGÉLAS.

Le bruit qui se répand ne me fait nul outrage :
Un inconnu pouvoir à cet hymen m'engage ;
Et mon choix, l'élevant dans ce rang glorieux,
Peut réparer assez l'injustice des dieux.

DÉMOCRITE, *à Agélas.*

Vous voulez tout de bon en faire votre femme ?

AGÉLAS.

Jamais aucun espoir n'a tant flatté mon âme.

THALER, *à part.*

(*à Agélas.*)

Tatigué ! queu malin ! Rendez-moi mon bijou,
Et je prends pour partir mes jambes à mon cou.

AGÉNOR, *donnant le bracelet au roi.*

Par les soins que j'ai pris on vient de me le rendre :
Seigneur, je vous l'apporte.

THALER.

    On m'a bien fait attendre.
N'en a-t-on rien ôté ?

AGÉLAS.

   Les yeux sont éblouis
(*à Thaler.*)
Des traits du feu qu'on voit.... Mais d'où vient ce rubis ?

THALER.

Du pays des rubis. Il est à notre fille.

AGÉLAS.

Comment ?

THALER.

Oui. C'est, seigneur, un bijou de famille.

AGÉLAS.

Éclaircis-nous le fait sans feinte et sans détour.

THALER.

Mais tout ce que je dis est plus clair que le jour.

AGÉLAS.

Ce discours ambigu cache quelque mystère :
Explique-toi.

THALER.

Morgué, je ne suis point son père,
Puisqu'il faut vous le dire et parler tout de bon.

CRISÉIS.

Juste ciel !

THALER.

Je ne fais que lui prêter mon nom,
Comme bien d'autres font.

CLÉANTHIS, *à part*.

Le dénoûment s'avance.

AGÉLAS.

Et quel est donc celui qui lui donna naissance ?

STRABON, *à part.*

Ce n'est pas moi, toujours.

THALER, *montrant Cléanthis.*

Cette femme, je croi,
Si vous l'interrogez, le dira mieux que moi :
La drôlesse, un matin, s'en vint, bon jour, bon œuvre,
Jusqu'à notre maison porter ce biau chef-d'œuvre.

CLÉANTHIS.

Moi ? quelle calomnie !

THALER, *à Cléanthis.*

Oh ! je vous connois bien.

CLÉANTHIS.

Qui ? moi, j'aurois ?...

THALER.

Oui, vous.

AGÉLAS, *à Cléanthis.*

Ne dissimule rien.

CLÉANTHIS.

Seigneur, j'ai satisfait aux ordres de la reine,
Qui de son premier lit n'ayant pour fruit qu'Ismène,
Et lui voulant au trône assurer tous les droits,
M'obligea de porter sa fille dans les bois.

AGÉLAS.

Puis-je croire, grands dieux ! cette étrange aventure ?

Mais, hélas ! n'est-ce point une heureuse imposture?

CLÉANTHIS.

Seigneur, ce bracelet avecque ce rubis
Rendent le fait constant.

STRABON, *à part.*

Je reprends mes esprits.

AGÉLAS, *à Criséis.*

Il est temps qu'à présent, puisque le ciel l'ordonne,
Je remette à vos pieds le sceptre et la couronne.
Je vous rends votre bien, madame; et désormais
Je ne le puis tenir que de vos seuls bienfaits.

CRISÉIS.

Je ne me plains point du sort où j'étois née :
Maintenant que le ciel, changeant ma destinée,
Veut réparer les maux qu'il m'avoit fait souffrir,
Je me plains de n'avoir qu'un cœur à vous offrir.

AGÉLAS, *à Ismène.*

Madame, vous voyez mon destin et le vôtre :
Le ciel ne nous a point fait naître l'un pour l'autre;
Mais ce prince pourra, sensible à vos attraits,
De la perte du trône adoucir les regrets.

ISMÈNE.

Agénor à mes yeux vaut bien une couronne.

AGÉNOR.

Seigneur....

ACTE V, SCÈNE V.

AGÉLAS, *à Thaler.*

Vous, dont je tiens cette aimable personne,
Demandez; je ne puis trop vous récompenser.

THALER.

Faites-moi maltôtier toujours pour commencer.

DÉMOCRITE, *à Agélas.*

Seigneur, depuis long-temps je garde le silence;
Un tel événement étourdit ma prudence :
Interdit et confus de tout ce que je vois,
J'ai peine à retrouver l'usage de la voix.
Il est temps cependant de me faire connoître;
Je n'ai point été tel que j'ai voulu paroître.
Vraiment foible au dedans, philosophe au dehors,
L'esprit étoit la dupe et l'esclave du corps.
Deux yeux, deux yeux charmants, avoient, pour ma ruine,
Détraqué les ressorts de toute la machine.
De la philosophie en vain on suit les lois,
La nature en nos cœurs ne perd jamais ses droits.
En comptant nos défauts, je vois, plus je calcule,
Qu'il n'est point de mortel qui n'ait son ridicule;
Le plus sage est celui qui se cache le mieux.
J'étois amoureux.

AGÉLAS.

Vous !

CLÉANTHIS.

Vous étiez amoureux ?

DÉMOCRITE.

L'amour m'avoit forcé, pour traverser ma vie,
Dans les retranchements de la philosophie.
(*montrant Criséis.*)
Voilà l'objet fatal, le véritable écueil
Où la fière sagesse a brisé son orgueil.

CLÉANTHIS.

Vous aimiez Criséis ?

DÉMOCRITE.

La partie animale
Avoit pris malgré moi le pas sur la morale ;
La nature perverse entraînoit la raison.
A l'univers entier j'en demande pardon.
Adieu.

AGÉLAS.

Ne partez point ; il y va de ma gloire.

DÉMOCRITE.

Faut-il que j'orne encor votre char de victoire ?
Je ne me trouve pas assez bien de la cour,
Seigneur, pour y vouloir faire un plus long séjour.
J'ai fait en m'y montrant une folie extrême :
J'y vins comme un franc sot, et je m'en vais de même ;
Trop heureux d'en partir libre de passion,
Et d'avoir de critique ample provision !
J'en ai fait à la cour un recueil à bon titre :

Je me mets, je l'avoue, en tête du chapitre
De ceux que l'amour fait à l'excès s'oublier ;
Mais, sans le bracelet, vous étiez le premier.
Je vais chercher des lieux où la philosophie
Ne soit plus exposée à cette épilepsie.
Dans un antre plus creux, achevant mon emploi,
Je vais rire de vous ; riez aussi de moi.

(*Il sort.*)

SCÈNE VI.

ISMÈNE, AGÉLAS, AGÉNOR, CRISÉIS,
CLÉANTHIS, STRABON, THALER.

AGÉLAS.
(*à Criséis.*)

Tâchons de l'arrêter : nous, cependant, madame,
Allons pour couronner une si belle flamme.

SCÈNE VII.

CLÉANTHIS, STRABON.

STRABON.
Eh bien, que dirons-nous ? Partirai-je avec lui ?
CLÉANTHIS.
Je suis bien en courroux : si pourtant aujourd'hui
Tu voulois un peu mieux m'aimer.

STRABON.

         Déjà, coquine,
Tu voudrois me tenir ; je le vois à ta mine.
Je te pardonne tout ; fais-moi grâce à ton tour :
Oublions le passé, renouvelons d'amour.
Je ne serai pas seul qui d'une âme enchantée
Aura repris sa femme après l'avoir quittée.

FIN DE DÉMOCRITE.

TABLE DES PIÈCES

CONTÉNUES DANS LE TOME PREMIER.

LE JOUEUR, comédie............ *Page* 1
LES FOLIES AMOUREUSES, comédie... 143
DÉMOCRITE, comédie............... 219

www.ingramcontent.com/pod-product-compliance
Lightning Source LLC
Chambersburg PA
CBHW060327170426
43202CB00014B/2696